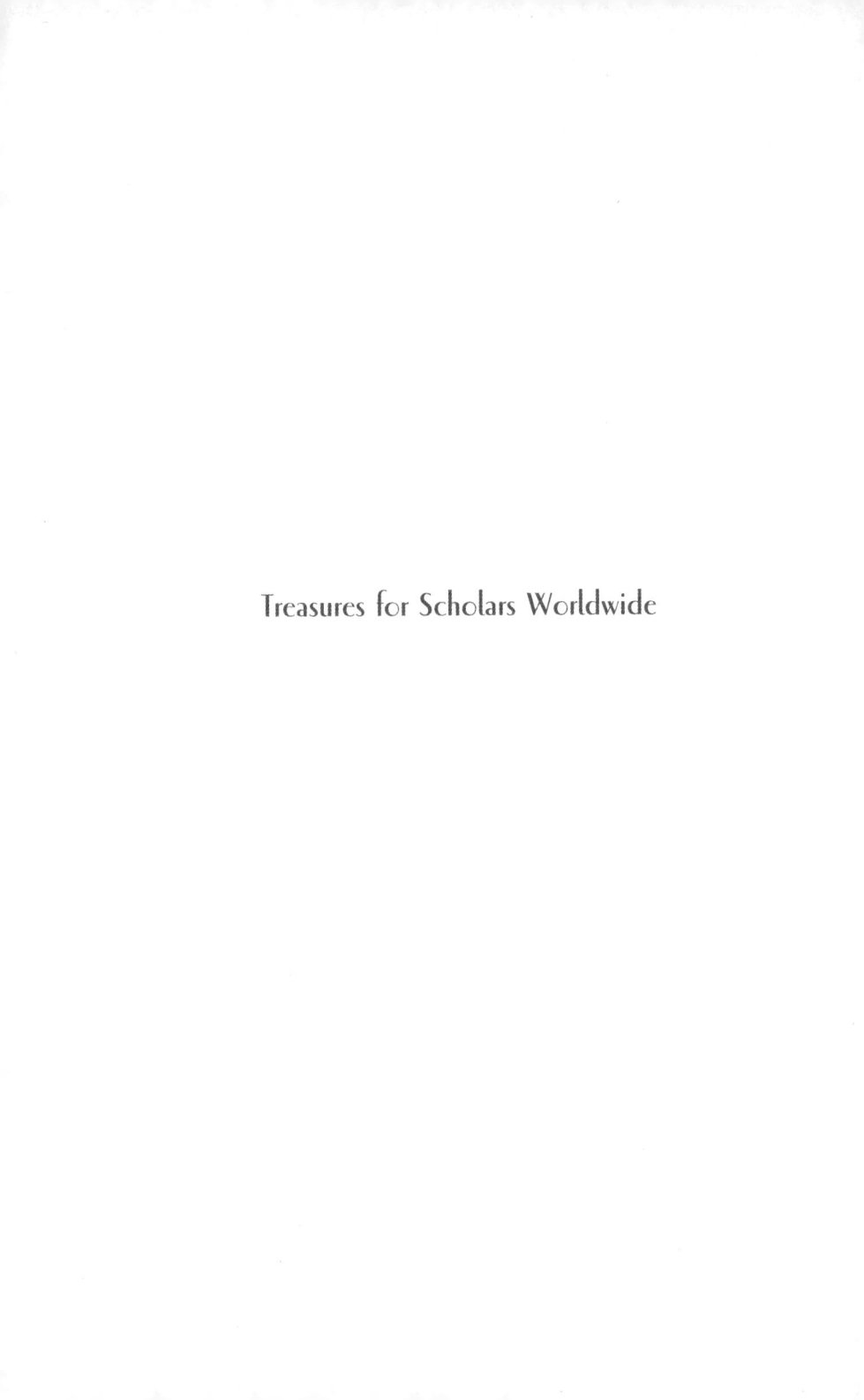

Treasures for Scholars Worldwide

广西优秀传统文化
出版工程

石刻里的广西

科学技术卷

胡小安　杨文定　黎文宗＿著

广西师范大学出版社
·桂林·

石刻里的广西 科学技术卷
SHIKE LI DE GUANGXI　KEXUE JISHU JUAN

图书在版编目（CIP）数据

石刻里的广西. 科学技术卷 / 胡小安，杨文定，黎文宗著.
桂林：广西师范大学出版社，2024.12. -- ISBN 978-7-5598-7738-3

Ⅰ. G127.67-49

中国国家版本馆 CIP 数据核字第 2024ZH1121 号

广西师范大学出版社出版发行
（广西桂林市五里店路 9 号　邮政编码：541004）
　网址：http://www.bbtpress.com
出版人：黄轩庄
全国新华书店经销
广西广大印务有限责任公司印刷
（桂林市临桂区秧塘工业园西城大道北侧广西师范大学出版社
　集团有限公司创意产业园内　邮政编码：541199）
开本：880 mm × 1 230 mm　1/32
印张：7　　　字数：145 千
2024 年 12 月第 1 版　2024 年 12 月第 1 次印刷
定价：36.00 元

如发现印装质量问题，影响阅读，请与出版社发行部门联系调换。

总　序

◆

　　广西地处中国南部，区位优越，东邻广东、西通云贵、南接越南，在中国与东南亚的政治、经济、文化交往中一直占有重要地位。广西这片土地不仅山川秀美、历史悠久，更因多民族的交往交流交融，绘就了璀璨的文化图景。

　　石刻作为一种独特的文化载体，承载着广西千百年来的历史记忆、文化传承与艺术精髓。广西石灰岩资源丰富，分布广泛，石质坚硬，便于雕镌。在尚未有文字记载的时代，广西先民就已学会在崇左花山等山岩崖壁上描绘日常生活场景，表达思想感情与艺术想象。广西现存最早的石刻，应是南朝刘宋时期的石质买地券，但刻碑风尚至少可上溯至东汉时期，东汉末建安二十一年（216）曾任零陵郡观阳长（观阳即今桂林市灌阳县）的熊君墓碑，虽立于今湖南永州市道县境内，但说明当时刻碑风气已在零陵郡一带广泛流行。

　　石刻在广西地区的广泛分布，不仅展现了中华文明在边疆地区扩散传播的轨迹，也是多民族交往交流交融的重要见证，为铸牢中华民族共同体意识发挥了不可替代的作用。广西历史石刻分布地域广泛、数量繁多，堪称通代文献渊海。自唐宋以来，广西刻石之风气经久不衰，至今留存了极为丰富的石刻文献，广西也因此成为中国石刻较为集中、特点鲜明的地区，素有"唐碑看西安，宋刻看桂林"的说法。广西石刻文献内容价值主要有珍稀性、系统性与普适性三个特点，石刻类型至少包括摩崖、碑碣、墓志、塔铭、买地券、画像题字、造像记、器物附刻等，石刻文体至少包括碑、墓志、颂、赞、铭、纪游、诗、词、文、赋等。晚清金石学家叶昌炽曾赞叹"唐宋士大夫度岭南来，题名赋诗，摩崖殆遍"，其中最有代表性的石刻，如桂林龙隐岩的《元祐党籍碑》、柳州柳侯祠内的《荔子碑》，以及桂林王城独秀峰读书岩上的王正功《鹿鸣宴劝驾诗》等。

近些年来，广西壮族自治区党委宣传部启动广西优秀传统文化出版工程。委托广西师范大学出版社策划并组织专家撰写这套《石刻里的广西》丛书，是目前国内为数不多的广西石刻丛书。本套丛书选题特色鲜明，通过挖掘广西丰富的石刻文献资源，讲好石刻里的广西历史故事，积极推动广西地区中华优秀传统文化的创造性转化、创新性发展。

本套《石刻里的广西》丛书共有十卷，包括《石刻通论卷》《历史名人卷》《山水人文卷》《民族融合卷》《文化教育卷》《水陆交通卷》《经济商贸卷》《科学技术卷》《摩崖造像卷》《书法艺术卷》。每一卷选取一些具有代表性的广西石刻，采取雅俗共赏、图文并茂的方式，用通俗的语言介绍石刻基本情况、解读石刻内容，讲述石刻背后的历史人物故事，揭示石刻背后的政治经济关系、山水景观塑造与文化交流网络等。

同时，我们也希望通过这套《石刻里的广西》丛书，引导更多人关注与保护广西石刻，让广西这些珍贵的文化遗产得以永续传承，并实现转化利用。

是为序。

江田祥

前　言

♦

一、历史广西，科技耀眼

广西具有悠久的历史和绚丽多彩的文化。历史时期各族人民围绕着生活而发明并发扬光大了中华民族众多的传统技术和近现代科学技术。早在石器时代，这片土地上就生活着勤劳智慧的人们，他们打制、磨制了精美的劳动工具和生活器具，如广西各地都有出土的石铲、石斧、石刀、骨针以及各类陶器。并且，广西还出现了最早的水稻栽培技术之一。早在骆越古国方国时代，铜矿开采和冶炼技术已经发展到较高的水平，且明显受到商周文化的影响，这也说明我们的祖国大地，各民族交融和文化交融自古而然。

自秦汉到唐宋，地处岭南的广西开发加快，各民族的交流交往交融前所未有，由此科学技术得到重要发展。此时不但本土的传统冶炼、制造、建筑技术在继续发展，广西通过与中原、岭南西南各地交流而引入的各种技术也在不断发展，比如新式的农耕技术、种植养殖技术、加工工艺、建造工艺、水利工程技术等，出现了前所未有的进步，《南方草木状》《梦溪笔谈》《桂海虞衡志》《岭外代答》等众多的文献中都记载了相关情况。元明清时期是各类技术逐渐深入传播和发展的时期，栽培、制糖、造纸、印染、织布、水利、建造、医药、开采、冶炼等技术都推广应用到岭南包括广西各边远地区，极大地推动了社会方方面面的发展，进一步促进了民族的交往交流交融，这在各地方志、各类官员文集、各种游记和专门书籍中都有不同程度的记载。

近代以后，近代科学技术传播到广西，开启了广西近代化的阶段。此后各种近代工业技术、农业技术、近代医学、建筑新材料等在广西快速传播、推广和发展。中华人民共和国成立以后，广西在水稻甘蔗栽培、蚕桑业、制糖、有色金属、化工化学等领域处于领先地位或居于前列。

总之，广西所在的岭南地区，是人工栽培稻最早的起源地之一，是铜鼓铸造技术达到很高水平的地方，是干栏式建筑最早创造地之一。这里山河交错、海洋浩瀚，有利于人们在实践中造就高超的水利技术；这里有独特的地形地貌和自然景观，不断吸引本地人和外来人考察探索，发现自然蕴含的科学奥秘；这里有异彩纷呈的草木花果，促生了不一样的栽培技术；这里蕴藏着丰富的矿产资源，也是道教兴盛之地，促进了炼丹技术的发展；这里有丰富独特的药材和历史悠久的疗法，加之历代官方和民间带来中原医药知识和技术，促进了中医药和民族医药的融合发展；这里连接海外，是中外物种和科技文化交流互鉴密集的地方，也是近代最早开风气的地方。从古至今，广西为中国的技术进步和整体发展做出了重要贡献。

不同历史时期，人们用石刻形式记录着中国广西丰富多彩的人文历史。同样，科学技术发展史的某些信息和历史进程也被记录在石刻之中，需要我们用心去挖掘和解读。

二、科技历史，刻入坚石

由于种种原因，中国历史上各类技术的发展主要靠师徒传授的方式，要么不靠文字，要么依靠所谓秘笈，外界很难知晓。在印刷术发展以后，各类技术的记载和传播的规模与速度已经空前提升，除了依靠亲自传授之外，还可以依靠各类书籍保存习得，不过很少存留在石刻上。因此，迄今在广西乃至全国发现的纯粹科学技术类石刻不多，如现存于广西的主要是造药程式、炼丹方法、中医药方等，也有少量是题咏记录特殊地质或者物种的，属于自然博物学部分。

其实还有更多的石刻隐藏着很多关于科技的无意识史料，这意味着可以通过某些只鳞片甲进行发散式观察，可以从相关的记载，并结合同一时代其他史料和记载参证，考察若干科技情况。例如，从本卷所列举的大量建筑、城池、桥梁、水利、工程等石刻，可以看到各种建材、修建技术、修建程序和组织进度等技术性内涵，结合石刻遗址以及石刻所提及的建筑遗存，也可以挖掘其中蕴含的人文价值以及技术使用的历史变化。古代、近代科技的创造性发展或者生产实践的经验总结，是历史时期广西经济文化发展的典型事实，是广西对中华文明和统一多民族国家的重要贡献。

三、科技石刻，别样阅读

石刻是古代比较通用、至今仍然存在的记录各种信息的方式。在古代，石刻一般来说比印制的书籍要大众化、公开化和可视化，也便于长久保存，还由于石材和文字的严肃性、神圣性，在民间很有影响。时至今日，这些石刻已经成为历史文物，依然强烈地吸引着包括众多学者、学生在内的广大群众，因为可以从中看到很多事件、人物、规章、习俗和艺术，了解丰富多彩的迷人历史，石刻也承载着各地群众的精神情感寄托。

记载科技的石刻同样具有丰富的历史和人文价值，我们现在要做的是，尽最大可能将之整理挖掘出来，并以适当的形式呈现给公众。以现存著名的桂林石刻宋代《养气汤方》为例，除了解读具体的药方之外，我们还要追问时代背景、相关的人和事，尽可能把历史变得生动有趣；关于"瘴""蛊"之类的记载，炼丹家、工匠和旅行家在制造物质、记录自然的过程中，所展现的博物学（包括今天物理、化学、生物等多门类科学技术）等，也是如此；涉及知名人文建筑以及重要城池、桥梁、道路、凉亭、庵观寺庙、运河、河道等的石刻，往往多谈修建过程或者宏观描述建筑形制、价值功用，我们结合修建背景、遗址遗存、修筑者来考察，挖掘出更多的信息。总之，将技术和人文融合在一起，分析其历史背景、内涵特点和相关故事，并放在中华民族共同体和中华文明发展进程中考察其价值，才是阅读科技史料的正确方式。

我们把精心挑选出来的石刻整理成书，尝试把石刻科技史料转换为适合大众阅读的读本，也试图给研究者带来一定的启发（读者从中既能了解中华优秀传统文化，也可不断思考中国古今科技发展之路），助力中华传统科技文明的传播、传承和创造性发展。这使我们再次明白这个朴素的道理：中华民族和中华文明生生不息、发展壮大，在于坚守应该坚守的，吸收可以吸收的，创新亟需创新的，摈弃必须摈弃的。古为今用、洋为中用，守正创新、海纳百川，永远是我们的胸怀和正道。

附记：

本人从事岭南和广西历史文化的学习、教学和研究已经多年，勉强算踏遍广西山山水水，摩挲识读过无数石刻、文献。越是深入探索，越觉得广西文化底蕴深厚、丰富多彩，带给我这个曾经的外地人、现在的本土人极大震撼，并令我深深痴迷。当然我也有一些遗憾和忧虑，因为在飞速发展的城市化大潮下，很多历史文献和物件正在不断消失。

我们做的很多工作，无论是培养学生、科学研究、学术交流，还是社会服务，都是在挖掘、传承、推介作为中华文化重要组成部分的广西文化。当广西壮族自治区党委宣传部和广西师范大学出版社策划这套《石刻里的广西》丛书时，我们觉得这是在正确的时间、由正确的人做了无比正确的事情。当主编江田祥兄找我加入团队时，我很高兴地接受了。

其实我觉得自己最合适写《民族融合卷》这一卷，因为我们家就是一个活生生的案例：我是湖南苗族人，差不多三十年前，来到广西这个包容开放的多民族地区，娶了一个壮族妻子，生儿育女，成为本土人。而我最终选择了《科学技术卷》，是由于江田祥兄的鼓励，杨文定兄和黎文宗兄的加持，还有李金霞老师以及我的研究生黄胜恩、黄月明相助。在此向各位作者致以诚挚谢意！

传统科学技术包罗万象，没有现代科学严格的分门别类，纯粹谈科技的石刻并不多见。这给我们的搜集和选择工作带来一定的困难。幸运的是，广西现存有十来方非常珍贵的医药石刻，加之从现存石刻和各类传世文献之中找到若干记录各种科技的碑文，我们将之归纳为"医药与博物"，放在首位；其次比较典型的是修水利、筑炮台、架桥梁等相关石刻，综合性的科技元素也比较突出，我们归纳为"水利与工程"；现存最多的是各种庙宇和城池等公共建筑相关石刻，虽然碑文也有涉及建筑的布局、构建和用料等内容，但是只能算是关于科技的无意识史料，多数是寥寥几行。我们因此花大力气在其中选择有特色、包含科技元素稍多的部分，呈现给大家"城池与建筑"部分。我们尽力挖掘各篇中的科技元素和背后的故事，以通俗为主，尽可能兼顾一定的学术性，以便给相关学者提供参考信息。

  本书的完成，离不开主编、各位作者和出版人的努力，在此再次向江田祥、肖承清同志以及各位作者、图片提供者表示衷心感谢！写作辛苦，搜寻石刻拓片、照片等资料也不容易！每一位作者之名，我们都注明在篇末，也隐含了文责自负的意思。由于写作者水平和时间有限，加之第一次运笔撰写通俗科普读物，书中一定有许多不尽如人意的地方，希望各位读者在阅读、接受乃至喜欢的同时也给予批评，以便我们提高水平，今后写出更好的作品，为广西文化和中华文明的传承、传播持续赋能。

胡小安
2024年11月1日于南宁相思湖畔

目 录

- ## 医药与博物

  ### 一剂药方传千古　　2
  ——北宋宣和四年《养气汤方》

  ### 人似丹炉炼气血　　6
  ——南宋绍兴十八年《张真人歌》

  ### 炼丹制药有道家　　10
  ——南宋绍兴二十二年《佘先生论金液还丹歌诀》

  ### 岩溶之谜古来探　　15
  ——南宋淳熙八年《乳床赋》

  ### 辟瘴气与治贪腐　　20
  ——南宋绍熙元年《龙图梅公瘴说》

  ### 痘神娘娘防天花　　25
  ——清康熙五十九年《新建痘神庙碑记》

  ### 铜鼓声震岭南天　　30
  ——清雍正八年《铜鼓记》

  ### 边疆地理新认知　　34
  ——清乾隆二十四年《丽水龙神庙碑》

传统火药怎样造　　　　　　　　　　39
　　——清道光十六年《造药程式碑》

新式医院走来了　　　　　　　　　　43
　　——清光绪十六年北海"太和医局"题额

广西首个中医会　　　　　　　　　　46
　　——清宣统三年《崇华医学会碑记》

民间偏方大全集　　　　　　　　　　50
　　——清《验方新编》

神秘的蛊毒解法　　　　　　　　　　55
　　——民国十八年《兴安、龙胜、义宁、灵川四县瑶族地方联合大团
　　禁蛊碑》

● **水利与工程**

劈礁通海开运河　　　　　　　　　　62
　　——唐咸通九年《天威径新凿海派碑》

巧夺天工万古渠　　　　　　　　　　68
　　——明洪武二十九年《通筑兴安渠陡记》

细微之处看修桥　　　　　　　　　　74
　　——明嘉靖六年《重修飞鸾桥记》

整治河道新工具　　　　　　　　　　78
　　——明万历三十八年《开辟府江险滩碑文》

灵渠喜变双子座　　　　　　　　　　　　82
　　——清雍正十年《临桂陡河碑记》

清代边疆的营房　　　　　　　　　　　　87
　　——清乾隆八年《新建桑江工程碑记》

小水坝藏大智慧　　　　　　　　　　　　92
　　——清乾隆五十六年《重修横山大堰碑记》

名胜景区巧匠修　　　　　　　　　　　　98
　　——清道光十三年《增修独秀山景工记》

镇南边关立炮台　　　　　　　　　　　　103
　　——清光绪十六年《屯甲山炮台记》

克虏伯坐望仙坡　　　　　　　　　　　　109
　　——民国七年《新建镇宁炮台记》

科技昌明水自来　　　　　　　　　　　　115
　　——民国二十二年《创建梧州自来水厂工程始末记》

● 城池与建筑

岭南古宅属六合　　　　　　　　　　　　122
　　——唐永淳元年《六合坚固大宅颂》

防边保民有铁城　　　　　　　　　　　　126
　　——南宋宝祐三年《宜州铁城记》

始发港边赏园林　　　　　　　　　　　　130
　　——元至治二年《海角亭记》

桂林城墙几度修   135
　　——元至正二十一年《至正修城碑阴记》

土司营造土衙门   140
　　——明景泰四年《重新恩城土州治所碑》

建城布局出新招   143
　　——明成化十五年《兴安县修城池记》

水火相对建冰井   147
　　——明正德九年《重建冰井禅寺记》

广西卫所何处寻   151
　　——明嘉靖七年《重建南丹卫题记》

楚南第一古禅寺   156
　　——清顺治八年《重修湘山寺碑记》

镇险佑民有伏波   162
　　——清乾隆二十一年《鼎建后殿碑记》

弘文惠柳思二公   166
　　——清乾隆二十九年《重建柳刘二公合祠碑记》

广东客商共家园   172
　　——清乾隆五十三年《重建粤东会馆碑记》

重修试院士人安   176
　　——清道光九年《辟建思恩府试院记》

两广交融存建筑   182
　　——清道光二十年《重建五圣宫碑记》

天妃落户在广西   189
——清道光二十一年《三江县福建会馆碑记》

刻石制图绘小城   194
——清道光二十六年《怀远县总图》《怀远县城图》碑

中山先生诚不朽   198
——民国十九年《梧州市中山纪念堂建筑始末记》

至和間劉君錫以事竄嶺南
至桂州遇劉仲遠先生口授
此方仲遠劉仲遠先生口授
錫服此湯閒嶺表數年竟
祝嵐瘴之患後覺襄陽壽至
九旬嘗向間之仲遠曰凌晨
盟櫛說未得議餘食且先服
此湯可保一日無事旦旦如服

医药与博物

一剂药方传千古
——北宋宣和四年《养气汤方》

《养气汤方》碑是广西现存最早专门介绍传统医药的碑刻，刻于北宋徽宗宣和四年（1122）上巳日，由提举广南西路常平等事晋江吕渭撰文。原碑存于南溪山刘仙岩，该碑已有众多书籍如《桂林石刻》《广西石刻总集辑校》等著录，不一一列举。

碑文开篇即介绍"养气汤方"的具体药材和用法："□附子（圆实者，去尽黑皮，微炒，秤肆两）。甘草（炙，秤壹两）。□黄（汤洗，浸壹宿，用水淘去灰，以尽为度，焙干，秤贰两）。右三味同捣罗成细末。每服壹大钱，入盐点，空心服。"其中"□附子""□黄"各缺失一字，据学者考证，宋代医书《鸡峰普济方》有文字完全相同的药方，从而确定这两味药分别为香附子、姜黄。

撰文者吕渭，北宋宣和年间出任广南西路提举常平，其职责是掌管粮仓，从事粮食供应和农田水利开发。

吕渭在介绍"养气汤方"药材、用量和服用方法后，还讲述了"养气汤方"功效的事例。据说北宋皇祐、至和年间（1049—

● 《养气汤方》

1056），一个叫刘君锡的官员被贬到岭南，在桂州（今桂林）与刘仲远相遇。这时的刘仲远已经是远近闻名的百岁道士，他将"养气汤方"告知刘君锡，并嘱咐道：每天早晨起来，盥洗完毕后，空腹服用此汤，可保一日无事。若天天服用此汤，则可保终身无病。据说刘君锡经常服用此汤，在岭南多年，避免了"岚瘴之患"，活到了九十多岁。

南宋绍兴二十二年（1152）刻在桂林刘仙岩上的，还有关于刘仙的一个故事。据说北宋治平年间（1064—1067），有桂林人唐少卿自幼慕道，后赴京途中，在全州遇到一个道士，唐氏请他帮忙挑担，自己骑马急追都追不上。后来道士给他留了一个信函，里面写了一首诗："大抵有心求富贵，到头无分学神仙。箧中灵药宜频施，鼎内丹砂莫妄传。"这很显然就是一个得道神仙在测试唐少卿是否有机缘成仙的故事。根据宋元时期留在刘仙岩的记载，刘仲远都是一个炼丹修道成仙的形象，到了清代光绪年间，维新派名人薛福成的《庸盦笔记》一书中，刘仲远的形象有了变化。据说刘仲远原本是南溪山下一个屠夫，以杀猪卖肉为业。每天清晨，一听到山上寺院报晓钟响，刘仲远便应声而起，磨刀霍霍，烧水宰猪，赶早将肉送往圩场出售。一天深夜，寺院僧人梦见一老妇跪于面前哭诉道：我们母子八口之命，就全靠您了。只要明天不敲响晨钟，您就是我们母子的救命恩人！第二天清晨，僧人想起夜间那个怪梦，便有意不敲钟，等着看到底会发生什么事情。不久刘屠夫气鼓鼓跑上山来，质问僧人为何不按时敲钟，害得自己未能早起，错过了杀猪上市的最佳时间。僧人把自己夜间所梦告诉刘屠夫。刘屠夫回到家中，看到母猪已经产下七只猪仔。刘屠夫顿时"恍然有悟"，于是将屠刀掷入南溪，从此"隐于庵旁岩穴中，炼神服气"，入山做了道士。

该故事当然不合情理，因为母猪怀崽，作为屠夫不可能看不出，所以只能说这是一个宗教隐喻式故事。该故事的原型早在唐宋时期的佛教讲唱之中就有，宋代还不见流传于桂林一带，因为宋代刘仲远不是佛门弟子而是修道神仙。薛福成著《庸盦笔记》的记载应该是佛、道两教合流以后，尤其是明清小说流行以后的叙述，这也反映了桂林历史上佛、道合流的情况。

唐宋是中原医学医药大量传入广西的重要历史时期。据记载,《新唐书·艺文志》《通志略·艺文略》《宋史·艺文志》共著录8部唐宋有关岭南的医药专著,还出现了《岭南方》这类专门记载岭南少数民族医方的书籍。宋王朝比较重视医药类书籍和药方的整理,组织了大量的医官对宋时所存医书进行校对,校对的医书包括《黄帝内经》《神农百草》《灵枢》《太素》《甲乙经》《素问》及《广济》《千金》《外台秘要》等医学经典和药方,甚至还成立了校正医书的专门单位。北宋苏颂在《苏魏公文集》对此有详细记载。医官参与校正医书,使得医学知识的记载更为丰富、准确。

宋王朝在中央设立医官局以及和剂局等,负责宫廷的疾病诊治和某些流行性疾病的医治,后"驻泊医官制度"设立,朝廷向疫情频发地区,如岭南地区,选派医官入驻,任期固定,其主要职责是为当地驻扎军队提供医疗卫生服务,但在疫情严重时也救助民众。医官的入驻无疑促进了大量的中医药知识在当地的传播。朝廷还在广西设立了医药局,大量旅桂文人和官员,以及广西教育的发展,也促进了大量医药知识的传播,如南宋范成大《桂海虞衡志》和周去非《岭外代答》就记载了很多治疗方法以及植物草本药、动物药、矿物药、香药知识。这些都推动了广西医药的发展,也促进了各民族医药知识的交融发展。《养气汤方》摩崖石刻就是这一历史最好的说明。

(胡小安)

人似丹炉炼气血
——南宋绍兴十八年《张真人歌》

《张真人歌》摩崖在桂林南溪山刘仙岩，全文529字，题额"张真人歌"及首行题名"天台张平叔真人歌赠桂林白龙洞刘道人"21字，正文诗句442字，附镌刻跋文66字。

该石刻正文用时而深奥、时而通俗的诗歌形式向世人展示一幅道家修炼的图画。该文首先点出，就如世界万物都有萌芽、生长、兴盛、衰亡一样，衰老乃至死亡也是普通人的必然宿命，只有经过修炼才能驻颜有术、长生不老。其次是指出了修炼的方法。最后说，这些方法只适合向相信者和有缘人说出。这是一篇典型的道家修炼内丹的理论方法文献，把人体比作丹炉，认为必须经过一系列修炼才能成功。

一般认为，道教传入广西始于汉魏时期，在唐宋达到鼎盛。《广西通志·宗教志》中记载，由于宋太祖、宋太宗对于道教的重视，各地道教徒和道观大量增加，各种道教文献得到整理。这一阶段道教在广西发展也相当迅速，修建了大量道观，远远超过此前的数量。在这种情况下，追求养生修炼而长寿乃至长生不老的

《张真人歌》（桂海碑林博物馆提供）

观念,以及具体修炼方法,已经开始广泛传播。这篇石刻提到的张平叔(伯端)就是推动广西道教发展的重要人物。

陆思诚《悟真篇记》云:"张平叔先生者,天台人,少业进士,坐累谪岭南兵籍。治平中,先大父龙图公诜帅桂林,取置帐下,典机事,公移他镇,皆以自随。最后公薨于成都,平叔转迁徙秦陇,久之,事扶风马默处厚于河东,处厚被召,临行,平叔以此书授之曰:'平生所学,尽在是矣,愿公流布,当有因书而会意者。'"《悟真篇·自序》说:"虽询求遍于海岳,请益尽于贤愚,皆莫能通晓真宗,开照心腑。后至熙宁二年己酉岁,因随龙图陆公入成都,以夙志不回,初诚愈恪,遂感真人授金丹药物、火候之诀。"熙宁二年(1069),张平叔随陆诜至成都。张平叔曾赠长歌(即收录于《悟真篇》末的《赠白龙洞刘道人歌》)给桂林道士刘仲远,其后,刘仲远修道处(今桂林南溪山刘仙岩)逐渐成为桂林道教的活动中心,南宋绍兴年间(1131—1162)在此修建了大道观。

道教炼丹方术通常分为外丹和内丹两种。内丹将人体的某些部位比作炉鼎,进行修炼,以精、气、神为药物,通过特定的修炼方法,在体内炼成丹药。正因为将人体比作炉鼎,所以修炼者需对人体的不同部位和功能比较了解。这些与人体、医法关系密切的道教修行方法在广西的传播与盛行,有利于医学发展和中医药在广西的传播。道教内丹修炼特别注重行气以及精、气、神的修炼转化,行气是以呼吸吐纳为主、按摩等为辅的养生方法。

首先是"炼精化气",如文中说"竞向山中寻草木,伏铅制汞点丹阳。点丹阳，事迥别，须向坎中求赤血，取归离位制阴精"，通过调整呼吸、意守丹田等方法，将人体的先天之精转化为气，增强身体的能量。

接着是顺应阴阳、调和时节，"炼气化神"，使气在体内循环运行，滋养五脏六腑，进而将气转化为神，提升精神境界。最后是"炼神还虚"，使神与虚空融为一体，达到超凡脱俗、长生不老的境界。如石刻中所说"配合调和有时节"，"波浪奔腾如鼎沸……种个玄珠在泥底，从此根芽渐长成，随时灌溉抱真精。十月脱胎吞入口，不觉凡身已有灵"，"闻君知药已多年，何不收心炼汞铅"。内丹修炼强调身心的高度统一，通过长期的冥想、调息、导引等功法，实现内在的修炼和升华。

总之，该文讲述了道教修炼内丹以致养生长寿的基本原则与方法，如讲究阴阳调和、摄气养生、内丹药物配合、综合施为等，与中医药学有相通之处。其中对自然界万物的消长生死、"天人合一"的观察和理解，既蕴含哲学，也有一定的科学性。道教的各种理论和实践，作为中华传统文化的重要组成部分，是值得研究的。但是我们也要明白，道教的修炼方法存在诸多迷信和怪力乱神之处，也有很多无法量化观察和实验的玄机，绝不可全部信以为真。

（胡小安　杨文定）

炼丹制药有道家
——南宋绍兴二十二年《佘先生论金液还丹歌诀》

《佘先生论金液还丹歌诀》摩崖在桂林南溪山刘仙岩，宋绍兴二十二年（1152）重午由衡阳觉真道人书并题额。该歌诀行文或仿张伯端《悟真篇》之韵文，七言为律。

该文是一篇典型的记录道教修炼、炼丹的文献，大致从理论基础、原料配伍、时辰掌握、原料用量、禁忌事项、服用方法等六个方面讲述炼丹和服丹修炼的功法过程，最后总结内丹修炼大旨。其中蕴含了道家对天气形成、炼制方法、化学知识的解读。

开篇中"观日月，似夫妻，阴阳颠倒几人知"，"乌为妙，兔为玄，甲庚丙壬要精专"，是对炼丹机理的说明；"离朱汞，铅黄芽，真龙真虎结成砂"，"日月数，有大小，九六交加细穷讨"，"炼大药，[制阴阳]，[点]汞为[珍不放]狂"，是对具体炼丹方法的介绍，含有化学的某些道理；"大洞法，说制药，身内百神牢守户"，"服了金丹永不死，运行万遍用璇玑。神水通流千度足，血变白[膏]透骨肌"，是对服用丹药之后的功效和修炼内丹的概括。

炼丹制药有道家 　11

● 宋代摩崖丹经《佘先生论金液还丹歌诀》原石

● 宋代摩崖丹经《佘先生论金液还丹歌诀》拓片

道家炼丹的历史可追溯至春秋战国时期。《山海经》中就有关于"不死之药"的记载，著名的道家代表人物庄子在其著作中也有对长生不老、超凡脱俗的追求，这为炼丹术的兴起埋下了种子。

到了秦汉时期，炼丹术迎来重要发展阶段。秦始皇嬴政渴望长生，派徐福东渡寻求仙药，这一行为激发了方士们对炼丹的热情。汉武帝同样痴迷于长生不老，广招方士炼丹，炼丹术在宫廷与民间逐渐盛行。淮南王刘安召集众多方士著《淮南子》，其中涉及诸多炼丹理论与实践的早期探索。

魏晋南北朝时期，战乱频繁，动荡不安，生死难测，贫富瞬变，无情的现实促使更多人寄希望于通过炼丹实现长生，逃避尘世苦难。葛洪是这一时期炼丹术的集大成者，他的《抱朴子内篇》系统阐述了炼丹理论、方法和药物特性，为后世炼丹术提供了重要理论基础。

唐宋时期，炼丹术达到鼎盛，并延续至明清时期。不少皇帝都热衷于服用丹药，期望延年益寿，这使得炼丹术在宫廷中备受推崇，也带动了民间炼丹活动的繁荣。但部分丹药含有重金属等有害物质，导致一些皇帝及贵族因服用丹药中毒身亡，炼丹术开始受到质疑。因此明清时期除了个别皇帝比较热衷炼丹服食，多数时期宫廷内部对于炼丹术还是比较理性的。总之，元明以后，炼丹术逐渐走向衰落。但在道教内部，炼丹仍作为一种修行方式传承下来，其理论和实践也在不断演变和多样化。

道家炼丹主要分为内丹和外丹两种，上一篇石刻已经介绍了内丹的修炼方法，本篇主要涉及的是外丹炼制。

外丹，是通过炼制矿物、植物等原料，在炉鼎中模拟自然变化，期望炼出具有神奇功效的丹药。外丹炼制所需原料丰富多样，常见的有丹砂（硫化汞）、铅、雄黄（硫化砷类）等矿物，以及一些草药。这些原料经过特定的配比和处理，放入特制的炉鼎中进行炼制。炉鼎的种类繁多，如八卦炉、金鼎、银鼎等，不同炉鼎有不同的功能和象征意义。炼制过程需严格控制火候，分为文火、武火等不同阶段，模拟自然界的阴阳变化。例如，先用武火快速升温，使药物发生初步反应，再用文火慢慢煎熬，促进药物进一步融合、升华。这一过程需要炼丹者具备丰富的经验和敏锐的观察力，根据炉内药物的变化适时调整火候。这一篇石刻也大致反映了这些道理和技术，如"全赖黄婆相匹配，离坎相交合自然。丹药唯务求铅汞，［异名］兔髓与乌肝。甘露降时铅汞结，一时辰内管丹圆"，"炼大药，［制阴阳］，［点］汞为［珍不放］狂。汞见铅兮汞必死，铅见汞兮铅不猖。铅制汞乾为至宝，铅成灰炉自成□"，"大药炼时须九转，加减抽添有度数"，就明确介绍了炼丹时的化合反应和注意事项。

该文由湖南衡阳的觉真道人书写，或许反映了岭南地区道教的传播，由湖南传向广西是一个重要路径，也可以说明宋代湘桂之间的文化交流非常密切。文中所述的佘先生是一位道家奇人，据说讲求仙术，著有丹经《金液还丹歌》《平叔悟真篇》等。明代张鸣凤撰《桂故》对佘先生有所考论，云："佘（余）先生，其名与里居无可考，居刘仙岩讲求仙术……佘亦自著有《金液还丹歌》

《平叔悟真篇》。自宋及今，祖述者众，修真者皆宗之，故不具论。"《佘先生论金液还丹歌诀》云佘先生系"泰州人，道号小金鼎"，"遂撮丹经之要，撰成《金液还丹歌》"，可见其生平及著述之一斑。

　　需要强调的是，道教的炼丹方法虽然具有一定的化学知识和道理，在实践之中也炼制出一些新的化合物如丹砂、雄黄等，对铜、铁、锡、铅等冶炼业的发展也有推动作用，但是也存在不少迷信和故作玄虚之处，还达不到近代化学的认识水平；其炼制出的所谓丹药往往含有毒性，也没有经过大样本随机双盲检测，其功效难以确定。

（胡小安　杨文定）

岩溶之谜古来探
——南宋淳熙八年《乳床赋》

《乳床赋》刻于南宋淳熙八年（1181）辛丑，原摩崖位于桂林城东普陀山留春岩，"文化大革命"期间因修人防工事，大部分被毁掉，只剩十余字。1985年桂海碑林博物馆据原拓本重刻，现立于该馆碑阁中。《中国西南地区历代石刻汇编》记录该拓片长190厘米，宽110厘米，楷书。明代《桂故》、清代《粤西金石略》《桂林石刻》、杜海军《桂林石刻总集辑校》对石刻均有著录。

梁安世（1136—？），括苍（今浙江丽水）人，字次张，绍兴二十四年（1154）与南宋著名诗人范成大同举进士。梁安世于淳熙七年至八年（1180—1181）任广西转运使。在桂期间，他遍游桂林诸山，留下了不少题刻。淳熙辛丑年（1181）长至日即冬至（宋代的长至日应该不是夏至而是指冬至，是一个隆重的节日，因此官员有休假），是日天清气爽，梁安世邀请徐梦莘等六人去探访七星岩洞。他们在此发现了挂满洞壁的钟乳石，这些千姿百态的钟乳石，令他们心摇神眩，赞叹不已。梁安世随即写了这篇脍炙人

● 《乳床赋》

口的《乳床赋》。

该赋不但文辞优美，而且大量用典、意蕴悠远，是一篇思想性、艺术性和科学性巧妙融为一体的优秀山水文赋，用生动优美的骈体文精确描述了钟乳石的千姿百态："或莲斯葩，或笋斯抽。或胡而龙，或脊而牛。或象之嗅，或鼋之浮。或麟其角，或马其驹。或跃而鱼，或攀而猴。或粲金星，或罗珍羞。或肺而支，或臂而瘤。或金之隆，或囊之投。或溜而塍，或叠而丘。或凿圭窦，或层岑楼。或贾犀贝，或农锄耰。或士冠缨，或兵兜鍪。或下上而相续，或中阙而未周。"

作者接着提出疑问，这些钟乳石是怎么形成的呢？在众人的讨论之中，作者认为是"泉春夏而渗流，积久而凝"，"抑尝以岁而计之，十万年而盈寸，度寻丈之积累，岁合逾于千万"，后一句的意思是，一寸钟乳可能经历十万年才成形，如此长度的钟乳，恐怕是超过千万年吧。《乳床赋》记载了八百多年前古人对钟乳石成因和生长过程的独特科学见解，成为中国最早考察岩溶地貌的文献之一，是中国古代岩溶可追溯的较早记录，表现出同时期罕有的对自然现象的观察和解释。

对钟乳石的观察和探索很早就开始有记录，如南北朝时期，陶弘景在《本草经集注》中对钟乳石的生成环境进行了观察，指出钟乳石"生山谷，及山阴岩石上，溜汁所成"，初步认识到钟乳石与岩石上的滴水有关。之所以南北朝时期的记录较多，除了旅行者增多，当时旅行者对不同地方的奇特自然景观有兴趣之外，也与这一时期道教炼丹术发展，钟乳石被认为有药用功能有很大关系。大概成书于两汉时期的《神农本草经》，其中"玉石部"专门记载有"石钟乳"条文，将石钟乳列为上品药材，认为其"味甘，温，主咳逆上气，明目益精，安五脏，通百节，利九窍，下乳汁"，详细记载了其药用功效。鲁迅先生在《魏晋风度及文章与药及酒之关系》中说，魏晋时人对丹药需求量大，吃丹药"五石散"成为魏晋时期的流行风尚。而"五石散"的构成主要是钟乳石、硫磺、白石英、紫石英和赤石脂,因此对钟乳石的采集和使用也较多。

比梁安世稍早或者同一时期来到桂林的人,对桂林的岩洞和钟乳石的描写甚多,也有较为严谨的考察。比如南宋乾道年间任广西经略安抚使的范成大在《桂海虞衡志》中记载钟乳石"石脉涌起处,即有乳床如玉雪,石液融结所为也。乳床下垂,如倒数峰小山,峰端渐锐,且长若冰柱",生动形象地描绘了钟乳石的形状,也提到其是"石液融结所为"。同一时期任职代理灵川知县、钦州教授的周去非在《岭外代答》中专门列"钟乳"一条,除了简要描写钟乳石形状之外,还探讨了不同类型、药用功效和形成原因,他认为"石脉滴水,风所不及,悉成钟乳",钟乳还分石乳、竹乳、茅乳等,"石乳者,生于石上,石液相滋,化而为乳,色如冰玉,是为最良;竹乳者,生于土石山洞,其上生竹,竹石相滋,液化为乳,其色稍青;茅乳者,生于土石山洞,其上生茅,茅液相滋,化而为乳,其色微黄",观察到不同钟乳的生长之处与颜色的差异,进而推测其是由不同成分掺杂演化而成,这显示了宋人的探索精神。除此之外,两宋时期还有不少文人笔记、著作,如宋慈《洗冤集录》、沈括《梦溪笔谈》、朱彧《萍洲可谈》、陆游《老学庵笔记》等,都展现了科学探索精神,由此可见宋代科技发展原因之一斑。

梁安世惟妙惟肖地描写多姿多彩的钟乳石之后,提出对钟乳石形成的独到见解,从钟乳石形成是"年逾千万""天理密运"的感悟开始,进而对人生有深思和感悟,认为宠辱不惊、淡泊名利、活得通透才是最好的选择。需说明的是，目前查阅到完整解读该碑文的只有刘玲双《桂林石刻》(中央文献出版社，2006年)和胡大雷《梁安世〈乳床赋〉与石刻赋》(《桂学研究》第五辑，广西师范大学出版社，2019年)。但是两位作者对"小留侯济北之遇，玩蓬莱六鳌之抃。俾磨崖刻画之子孙，当语之以老人大父之贵贱。虽盖倾而舆穿，戴一姓之奄甸"这几句，其解读都有可商之处。其大意应该是："我不把西汉张良在济北遇到黄石公传授秘法后的成功当作大事，也不把龙伯在蓬莱钓走天帝六鳌的故事当作真事。让我把这些道理刻在摩崖之上留给子孙后代，也要跟他们聊聊父祖辈们贵贱无常的经历。即使我身处岭南，地位并不显赫，功绩也不辉煌，但也是同在大宋统一的国家之内，都在为国家和天下苍生服务。"

在与梁安世同游桂林山水的友人中，有南宋的著名史学家、《三朝北盟会编》的作者徐梦莘（即徐商老）。徐梦莘当时主管广西转运司文字，为梁安世的下属。在朝廷拟更改广西盐法的讨论中，因其议与朝中官员不合，遭受打击，不久被调往宾州（今广西宾阳县）。徐梦莘从宾州回乡后，潜心治学，于绍熙五年（1194）完成了《三朝北盟会编》这一史学名著，从而青史留名。

（胡小安）

辟瘴气与治贪腐
——南宋绍熙元年《龙图梅公瘴说》

《龙图梅公瘴说》摩崖在桂林桂海碑林博物馆龙隐洞，高193厘米，宽120厘米，均隶书，碑额字径11厘米，正文字径2.5厘米，捐资人名字径1.5厘米。摩崖正文是抄录梅挚《五瘴说》，跋文为时任广西转运使朱晞颜撰文，全文为石俛书写。

宋代景祐初年（1034），原为朝廷宰执的梅挚被贬到了岭南昭州。昭州即今天广西平乐，当时被中原人称为"瘴乡"。他在此挥笔写下针砭时弊的《五瘴说》。在《五瘴说》中，梅挚以激愤语气描绘并抨击流行于官场的"五瘴"："急征暴敛，剥下奉上，此租赋之瘴也；深文以逞，良恶不白，此刑狱之瘴也；昏晨醉宴，弛废王事，此饮食之瘴也；侵牟民利，以实私储，此货财之瘴也；盛拣姬妾，以娱声色，此帷薄之瘴也。"

《五瘴说》问世后，便引发众多正直官员共鸣。北宋后期著名谏官邹浩被贬官昭州时，追古慨今，写了一首诗表明自己不愿"染瘴"的决心："市门隐去不知年，蔽芾甘棠荫乐川。五瘴作时虽不染，一篇留诫指其然。直须镂版人皆与，庶使绵区病可痊。

● 《龙图梅公瘴说》

更有奇方公未说，上医医国许心传。"南宋绍熙元年（1190），朱晞颜阅读《五瘴说》后，感慨不已，挥笔写下一段跋语，请人刻在龙隐岩洞口。这就是《龙图梅公瘴说》的来历。

朱晞颜认为：世人难免一死，然而必须"死得其所"。如果染上"租赋、刑狱、饮食、货财、帷薄之瘴"，成了危害社会的贪官，那么即便身处繁华京城，同样"死所不免"。如果没有染上这"五瘴"，即使身处广西"瘴土"，也如同在中原地区一样，根本不会遭遇"瘴气瘴人"这样的凶险之事。

该碑文虽然以"五瘴"比喻封建王朝盘剥老百姓的各种情况，但是其中蕴含"瘴气"以及抵御的办法，确实是广西医药历史上值得一说的事情。岭南很多地区历史上被称为"瘴乡"，南宋周去非说岭南凡病均称为"瘴"，其种类很多，据说春有"青草瘴"，夏有"黄梅瘴"，秋有"新禾瘴"，冬有"黄茅瘴"，还有"冷瘴""热瘴"等。但是"瘴"到底是什么，其实并不十分清晰，今人认为可能是疟疾，也可能是某些地方病，从上述春夏秋冬都有"瘴"名看，还可能是不同季节不同病毒引起的一些不同病候。甚至有学者认为古人谈之色变的"瘴"，其实不过是一种对经济文化落后地区的偏见，并不存在处处皆有的"瘴气"。从古至今，岭南人口都在稳步增长，历代史书也没有岭南流行疾病导致大规模死亡的记载。所以"瘴"其实并不可怕。而且早在宋代文献中就有青蒿绞汁内服治瘴的记载，岭南一些"瘴、蛊、毒"，当地人也有相应的治疗方法。如南宋周去非编写的《岭外代答》中就记载南方几乎把所有疾病皆谓之"瘴"，其实类似中州伤寒。他观察到冷瘴以疟治，热瘴以伤寒治，哑瘴以失音伤寒治疗，往往愈者过半。他还说到有仙者（应该就是道士）给了静江府（今桂林）唐侍御青蒿散的药方，治疗疟疾瘴气有奇效，说"其药用青蒿、石膏及草药，服之而不愈者，是其人禀弱而病深也"，这是有科学道理的，反映当时对瘴气的认识和治疗方法均有进步。

由此可见，实际上瘴气并不应当是令人恐惧的东西。这种恐惧心理的产生，一方面是由于唐宋时期广西经济文化和社会发展处于比较后进的阶段，交通不便、路途遥远，气候也不同于中原，无论任官还是经商，确实都要经历一定艰难；另一方面是由于广西往往成为古代贬官之所和"逋逃亡命"者聚集的地方，于是被人有意无意地制造出偏见和恐惧。

石刻撰文者朱晞颜（1132—1200），字子渊，徽州休宁人，宋孝宗隆兴元年（1163）进士，曾任荆湖北路靖州永平县知县，此后两度任官广西，其仕宦之地都是当时被称为比较偏远的瘴乡。但是他非常乐观，经常在空闲时游览桂林山水，至今留下他不少诗文题刻。他在广西实施食盐官卖，革除食盐官督商卖即客钞法带来的科抑之弊，"广右民赖以安"；整修灵渠，便利了交通和灌溉；在治理少数民族方面也有成绩，社会比较安定。

关于朱晞颜任广西转运使和知静江府先后的问题，各种资料说法不一。《全宋词》说："（朱晞颜）直秘阁、京西运判。直焕章阁，知静江府。绍熙中，广西漕使。"绍熙元年中秋节写的这篇《五瘴说》跋语中说："予将漕来南，行矣二年，盖深入瘴乡矣。"据《宋会要辑稿》记载，他是淳熙十五年（1188）十月被任命为广西转运使来到桂林的，所以到1190年中秋节有快两年时间。宁宗庆元元年（1195）朱晞颜弹子岩题诗的前记中又说"两入湘南，五见秋序"，则他第一次入桂任职时间为宋孝宗淳熙十五年至宋光宗绍熙元年，任广南西路转运使；第二次为光宗绍熙四年（1193）至宁宗庆元元年，任静江知府兼广南西路经略安抚使。他在桂林的时间，前后共五年。朱氏离开广西后，历任实录院同修撰，兼知临安府，最终官至工部侍郎，封爵休宁县开国男，食邑三百户。1952年，安徽省休宁县发现了朱晞颜夫妇合葬墓，其中出土了一件珍贵的兽面纹玉卣，精美绝伦，堪称宋代仿古玉器的代表作。

（胡小安）

痘神娘娘防天花
——清康熙五十九年《新建痘神庙碑记》

《新建痘神庙碑记》原碑在桂林桂海碑林博物馆，残碑，高90厘米，宽67厘米，额篆书，字径11厘米，正文字径2.5厘米，捐资人名字径1.5厘米。碑文由时任桂林知府吴元臣撰写。

吴元臣，字恪斋，江南宜兴荆溪县人，康熙五十一年（1712）任桂林知府。该碑文叙述康熙五十七年（1718）桂林某地有出痘（天花）传染，不少几岁十几岁小孩都感染，但是很幸运的是这次死亡率不高。乡民有一种意见认为是痘神在保佑大家，应该酬谢痘神，所以捐资建庙。当时桂林没有专门的痘神庙，可见痘神信仰在民间根基不深，也可能在此之前当地出痘并不是常态，所以并无痘神专庙。

古代由于对出痘（天花）的原理不明，在接种牛痘方法出现之前，并无有效治疗和防范办法，所以人们还是希望得到神灵保佑。于是痘神信仰开始传播到各地，桂林一带也建庙求神，反映出当时缺乏有效治疗办法。

顺治康熙年间各地有关天花的记录明显增多，也显示这一时

● 《新建痘神庙碑记》

期特别重视这一问题。原因在于皇室成员多次感染，后果严重。据德国人魏特所写《汤若望传》以及清朝人张宸《平圃杂记》的记载推测，顺治帝应该是死于天花。康熙皇帝在幼年2岁时就感染过天花。顺治皇帝在选择皇位继承人时，德国传教士汤若望建议选择得过天花的玄烨，因为得过天花且痊愈的人会对天花产生免疫力，终生不再被感染，于是顺治帝立皇三子玄烨为皇位继承人。康熙帝幼年感染天花而痊愈的经历，使他对天花有着深刻的认识，加之顺治康熙年间天花多次在一些地方爆发，所以康熙帝特别重视天花病疫的防治，亲政后，大力推动天花的防控工作，还推行了人痘法等预防措施。当时朝野都在寻找治疗和预防天花的方法。

　　从该碑文来看，撰述者桂林知府吴元臣有一定医学知识，有史料记载康熙年间，堪舆地理大师张九仪曾被吴元臣等召去省城公署，可能是去给有关衙门看风水，也有可能是去处理一些技术方面的事情。这表明吴元臣在任期间，可能对风水、地理等专门知识有所关注或重视。而且桂林某地出天花，由知府亲自撰碑文加以叙述，可见他对此事的重视程度。他记载了当时人（更多的是有一定医术者）对出痘（天花）这类传染病的认识，知道"出痘一事为婴孩生死关头"，即认识到未成年人更易感染以及难以抵抗天花。他还观察到同样是感染天花，有人出痘少而且不明显，有人出痘多而且有脓肿，并推测出痘少的人可能是"先天之毒气少者"，反之则是"先天毒气之多者"，就是说患者病情表证因其感染严重程度或抵抗力强弱而有所不同；还有意见认为"痘之为顺为逆，为吉为凶，悉由于医生之用药"，这已经反映出社会上对医疗重要性的认知。这种科学态度，也是此后近代科学在中国逐渐传播到被广泛接受的基础，也是今天应该坚持的善于、敢于接受新事物的精神。

天花是在全球流行了3000多年的传染病，大约于公元1世纪中期传入中国，因此中国古代对天花、麻疹的认识由来已久。在晋代葛洪的《肘后备急方》中，就有类似天花症状的记载，称之为"虏疮"。当时人们虽对其病因尚不了解，但已开始观察到其传染性和症状特点。三国时期曹植《说疫气》认为传染病是"阴阳失位，寒暑错时"所致，批评老百姓用悬符等迷信手段防治的做法，也体现了一定的科学性。

在治疗出痘方面，古代中医主要从清热解毒、透疹等思路入手，常使用一些具有清热作用的草药，如金银花、连翘等，以缓解热毒症状。对于麻疹，中医注重透发，用葛根、升麻等药物帮助疹子透发出来，认为这样可使病情得到缓解。同时，也会采用一些外治法，如用芫荽（香菜）煮水擦拭皮肤，以促进麻疹透发。

在隔离方面，人们逐渐认识到天花的传染性，开始有了初步的隔离意识。如在一些天花流行时期，人们会将患者隔离在特定的场所，以减少疾病的传播。

到了明代，人痘接种术开始出现并逐渐发展。这是一种预防天花的重要方法，体现了"不治已病治未病""以毒攻毒"的中医理念，主要有痘衣法、痘浆法、旱苗法和水苗法等。痘衣法是让未患病的人穿天花患者痊愈后的衣服，使其感染轻微的天花病毒而获得免疫力；痘浆法是直接用棉花蘸取天花患者的痘浆，塞入未患病者的鼻孔；旱苗法是将天花痂皮研成粉末，用银管吹入未患病者的鼻孔；水苗法是将痂皮加水制成浆，再用棉花蘸取塞入鼻孔。

明清时期已经有几十种痘科专书，还有以种痘为业的专职痘医。清朝还设立种痘局，并有专职官员管理出痘人的隔离情况。人痘术尽管存在一定的风险，但在当时是世界领先的发明，流传到世界多个国家和地区。伏尔泰认为这是"全世界最聪明、最讲礼貌的一个民族的伟大先例和榜样"。人痘术在18世纪初传到英国时，一开始遭到了比较大的责难和反对，被认为是在逆上帝的天恩行事。整个18世纪欧洲因天花导致的死亡非常多。18世纪末，英国医生詹纳经过不断的观察和实验，从牛痘脓包中取得痘浆并接种到人身上，发明了简便安全的牛痘接种术。1805年，牛痘接种术由菲律宾传至澳门，很快传遍中国。

此后现代医学明确了天花是由天花病毒引起的烈性传染病，这是医学的一大进步。20世纪20年代末，中国科学家齐长庆在实验室制成了牛痘苗"天坛株"，此后为中国人长期使用。20世纪50年代开始，中国政府大力推广全民种痘，并不断提高痘苗质量，最终在20世纪60年代彻底消灭了天花。从全球范围看，1967年世界卫生组织发起消灭天花运动，1980年世界卫生组织宣布全球天花完全消灭。天花病毒在自然界已不存在。

（胡小安）

铜鼓声震岭南天
——清雍正八年《铜鼓记》

《铜鼓记》碑文抄自雍正《广西通志》卷一一七《艺文志》。作者金鉷，字震方，号德山，隶汉军八旗镶白旗，监生出身。清雍正六年（1728）至乾隆元年（1736）任广西巡抚。他在任上，协助鄂尔泰进行西南改土归流，奠定了清代在西南地区的治理基础；推行"火耗归公"政策；全面进行了摊丁入亩改革，配合改革政策，鼓励垦荒，开始全面清查田亩，但因执行过严过急，从而也引起社会反弹。最终在广西士绅等势力的反对中，金氏于乾隆初年被调离广西并致仕。

该碑文记载了雍正八年（1730）广西两次发现古代铜鼓的过程，第一次是在北流县，发现过程不详；第二次是在浔江冲积的铜鼓滩（今桂平附近）之中所发现，由渔人合力捞出。假如该记载属实，则铜鼓应该是埋藏于某个地层之中而被暴雨洪水冲刷出土，不可能是在前代落水而被埋在河滩之中，因为据碑文的描述，铜鼓并没有太多腐蚀痕迹，落入水中数百年还能完整保存是不可能的。金鉷还写道，根据旧志记载，传说在东汉伏波将军马援南征交趾之时，有两面铜鼓跌入水中，后得而复失，直到现在才又发现，真是通灵神物。第一次发现，应该是该志所载明朝人乐明盛《浔江双获铜鼓记》中所说，天启乙丑年（1625）他在桂平孔庙中看到一面毫无损蚀的铜鼓，当地人说这就是东汉时跌入水中的神物，是渔夫从铜鼓滩中打捞的；还有一面是白石山中出土的。广西历史上是百越民族聚居的地区，数百年来一直有不同时期的铜鼓被发现，也是北流型铜鼓的集中出土地。

碑文记载的铜鼓形制，与今天存世的北流型铜鼓完全一致，可以印证其记载的可靠性。碑文对铜鼓的造型、大小、高度、轻

● 《铜鼓记》

重、色泽、饰物等方面都做了描述，观察非常仔细，测量非常精准，如称其重有"一千六百五十一两"，测量其"高一尺六寸而稍缩，面径二尺六寸有奇，周三其径，腰微束，仅六尺九寸余。底如其面而空，面有蟾蜍叠踞，大小各六"，"与中边圆纹亦十二道，疏密相间，内皆细文"，描写栩栩如生，同时也可见制作精美，达到很高的工艺水平。其造型、纹饰、蟾蜍装饰等，在出土的汉代以后铜鼓中都找得到。金氏从"宏壮之模、缜密之文、绿沈之色"等方面判断铜鼓应该是秦汉时期及以前之物，应该并非虚言，今天在各地发现的铜鼓也以两汉魏晋时期居多。

据研究，中原古代铸造的铜器，基本是铜锡的青铜器，含铅的成分不多。根据现有研究和仿制分析，广西古代铸造的铜鼓，多数铅的成分较高，有的锡少于铅。铅是人们为增加铜鼓的硬度和韧性而有意加入的。古代广西铸鼓工师制造内范的质量好，至今遗存下来的铜鼓，腹腔正圆，平整光滑，曲折规整，造型优美，纹理精致，有很高的工艺水平。北流型、灵山型和冷水冲型铜鼓都是铅锡青铜，其锡、铅含量的总和从汉至南朝呈现出不断增加的趋势。冶炼出纯铜、纯铅、纯锡，并以其中二者配制合金铸造青铜器，是发达的青铜时代冶铸技术达到较高水平的标志之一。按照不同形制和花纹，现存铜鼓可以细分为八个类型：万家坝型、石寨山型、冷水冲型、遵义型、麻江型、北流型、灵山型、西盟型。现存广西铜鼓包含以上大部分类型，显示广西铜鼓的丰富性和独特价值。

说到广西出土的铜鼓，广西民族博物馆现藏有最大一面"铜鼓之王",是该馆镇馆之宝,它就是北流云雷纹大铜鼓。该铜鼓1972年在北流市六靖镇水冲庵被发现。鼓面径约165厘米,残高约67.5厘米,鼓面厚约0.8厘米,鼓身厚0.39—0.58厘米,重299千克;鼓面大于鼓身,鼓面出檐7厘米,边沿下折形成宽2.8厘米的"垂檐";通体饰云雷纹,鼓身上部对称分布两对绳纹环耳,为北流型铜鼓的标准器。该铜鼓1955年入藏广西壮族自治区博物馆,2008年调拨至广西民族博物馆。铜鼓的高超工艺和艺术魅力一直吸引着世人,但是自宋明以后就很少有铸造的记载和实物,其工艺可能在此时逐渐失传。人们期待解开铜鼓制造之谜,20世纪80年代以后,不少科学家和学者探索用现代工艺复制铜鼓,已取得了不少成果,其中广西民族大学万辅彬团队在长期探索复制"铜鼓王"的基础上,于1998年制定了一套被认为可行的技术路线。

(胡小安)

边疆地理新认知
——清乾隆二十四年《丽水龙神庙碑》

丽水龙神庙碑在崇左市江州区太平街道新庆街南段左江滨龙神庙旧址，即丽江公园旧址。高316厘米，宽133厘米，厚25厘米，满行53字，共26行，篆额字径15厘米，正文字径3.5厘米。民国《崇善县志》节录《丽水龙神庙碑》，碑文亦载于《广西石刻总集辑校》。

丽水龙神庙始建于清乾隆二十二年（1757），当年夏旱，知府查礼率领官员想要向雨神求雨，却苦于府内并无专门的神祠可用，只好在城隍庙前举行了求雨仪式，据说果然普降甘霖，于是当年粮食丰收。为答谢雨神，次年（1758），查礼与同僚下属捐资出钱，在城外的左江左岸买地筹建龙神庙，由土茗盈州（今崇左大新县）吏目郑暹负责整个工程，各种材料应当是取自当地。不到一年，龙神庙告成，非常气派，云楣画栋，高殿层阶，林木交阴，岩岚拱翠，成为太平府城祠宇之巨观。查礼叙丽江水源及神祠之事，勒碑立于庙前。碑文系太平府知府查礼撰文，字为玉牒馆誊录官徐良所书，篆额为翰林院董邦达所缮，镌工为广东高要人岑光。查礼（1716—1783），宛平（今北京）人，字恂叔，号俭堂、铁桥等。清乾隆元年（1736）应博学鸿词科，不果。入赀授户部主事，分配到广西，补庆远同知。十八年（1753），擢太平知府，后又补四川宁远知府，历任川北道、松茂道、四川按察使、四川布政使、湖南巡抚。年十五即以能诗出名。查礼任太平知府期间，爱民育才，百废俱兴，为旱灾祷雨泽而建龙神庙，为增建景观而辟白云洞，为发展教育而建考棚和丽江书院，善政颇多。

　　丽水龙神庙一直没有重修的记录，何时坍塌也没有具体记录。可见该庙很大程度上是一座官庙，并没有成为普通老百姓生

● 丽江公园旧址

● 《丽水龙神庙碑》

活中的一部分，其原因在于当地并不缺水，即使需要求雨，当地习俗一般也是去潭边和山洞，不需要庙宇。民国八年（1919）至二十四年（1935），由当地官、绅、商共同出资，将原来的龙神庙之地改建为丽江公园，建有中山纪念堂、景查楼、图书馆、丽水轩、爱江亭、桄榔亭，后来逐渐毁坏。1985年崇左县人民政府拨款修复，并清理出了千年寿字碑、龙神庙碑、奉宪勒石碑等，立于公园中加以保护。丽江公园旧址1992年被列为县级文物保护单位，2006年被公布为崇左市文物保护单位。

该碑文最有价值的还是考察了左江（丽江）源头和各支流的流向，对自然地理学有重要贡献。这也是查礼博通古今文献，兼之在广西庆远府和太平府任职多年，留心民情地情，经过多年考究得来，是乾嘉时期重视考据学的时代风气之果。按照其考察，左江的源头有三个，其一是交趾（今越南）牧马江，入龙州水口关；其二是交趾流来的威猛江，入龙州平而关。二水东流至龙州汇合后，又东流六十里，与源自南宁上思州十万山的明江水合，三水在崇善（今崇左）汇流，是为左江，流向南宁："三水会流，东北绕崇善县城，又东径左州永康州界，又东北过新宁州西，又东北至宣化县（今南宁）境，合温水……考之《水经》，核之《地舆》，今之丽水即古之斤水也。《粤西省志》与《太平府志》仅载丽江，而均未详斤水之名，何未之前考欤？丽江自关口内流，注于温，径府一、州与县五，盘涯回折九百里。"他结合文献和实际勘探，比较彻底地厘清了左江的干流支流，显示其具有科学精神。

左江是西江最大支流之一，历史上对其源流的认识在不断丰富和清晰，反映着不同时期地理认知水平的发展与变迁。

唐宋时期，岭南地区的开发进一步深入，文人墨客、官员和探险家的活动增多，关于左江源流的记载逐渐丰富起来。如一些游记和方志开始详细描述左江流域的风土人情，也涉及对其水系的记录。这一时期，人们对左江的主流走向有了更准确的认知，也发现了一些主要支流，但对于其真正的源头，仍存在诸多猜测和不准确的判断。有的观点认为其源头在遥远的深山之中，具体位置难以确定；有的则将一些较大的支流源头误认作左江源头。

明清时期，地理测绘技术有所进步，政府组织了一些大规模的地理考察活动，对左江源流的认识也取得了显著进展。地图绘制更加精确，能够较为清晰地描绘出左江及其主要支流的走向。人们开始明确左江的主要源头位于今越南境内的一些山脉，通过对流域内水文、地形的实地考察，逐步梳理出了较为完整的水系脉络。同时，随着商贸往来在左江流域的繁荣，沿线的城镇和码头增多，人们对左江的航运价值有了更深刻的认识，也促使人们进一步深入了解其源流。据学者郑维宽考证，明朝时期形成了大小左、右江的概念，"小左、右江"大概就是今天的广西左、右江，大左江是指郁江水系，大右江是指黔江水系，明朝在大左、右江概念的基础上分别设置左江兵备道和右江兵备道，此后为清代所继续沿用并有发展。

（胡小安）

传统火药怎样造
——清道光十六年《造药程式碑》

《造药程式碑》位于广西壮族自治区上林县（另在宜州也有发现），是清道光十六年（1836）清朝守备营从事军事生产活动的产物。在其地，原还有一块《造药处方碑》，今已流失。该《造药程式碑》约1200字，详细记录了当时制造火药的人员、具体配方、制作器具、过程、药效等内容。这是了解道光年间西南地区火药技术和相关军事史实的重要史料。《上林文史》曾简要介绍并刊布此碑文，但其中有不少错漏处。后来从事科学史研究的台湾学者黄一农教授曾从广西民族大学容志毅教授处获赠此碑文资料，并初步探讨了该火药的具体配方。

总的来看，这类火药（即黑火药）制作还是以传统的硝石、硫磺、木炭为主要配方，与我们今天鞭炮的主要原料一致，也是当时民间常见的鸟铳的火药原料。笔者数十年前在一些乡村还看到过人们运用这类原料手工制造鸟铳的火药弹药。具体做法是：用石臼、铅杵、土坑建造药臼；精纯煮炼提硝，以纯白如冰雪、面上露出簪芽为佳；柳树烧炭捣碎研末；用与制柳炭一样的工艺

《造药程式碑》

流程研磨硫磺成粉末。每臼用硝八斤、磺粉一斤二两、炭粉一斤六两，搅合入臼。每臼造药十斤，二十四臼造药二百四十斤，筛晾成末，即成。

众所周知，火药是我国古代四大发明之一，其起源与古代炼丹术密切相关。从战国至汉初，炼丹家们为追求长生不老，用各种矿物、植物炼制丹药。在长期实践中，他们发现硫磺、硝石等物质的化学特性，如硫磺易燃，硝石受热会剧烈反应，这为火药的发明奠定了基础。汉代《神农本草经》将硫磺、硝石列为药材，对其性质有一定记载。东晋葛洪的《抱朴子》中，有关于炼丹时使用硝石、硫磺等引发燃烧爆炸现象的描述，表明当时人们已初步观察到火药原料的一些特性，但尚未发明具体配方。

到了唐代，炼丹术更加盛行，对药物和化学变化的研究更为深入。药王孙思邈在《丹经内伏硫黄法》中记载了将硫磺、硝石与炭混合的方法，这被视为黑火药配方的雏形，为其后黑火药的正式诞生奠定了基础。约9世纪中叶成书的《真元妙道要略》，则记载了"以硫磺、雄黄含硝石并蜜燃之，焰起，烧手、面及烬屋舍者"，可见当时炼丹家已熟知这类混合物燃烧爆炸的属性。宋代是火药和火器早期发展史上的一个重要阶段，北宋政治家、军事家曾公亮的《武经总要》明确记载了3个火药配方，以及制成的火器性能和用途。这3个火药配方被公认为是世界上最早记载下来的成熟的火药配方。同时，民间的火药制作技术也不断发展，烟花种类更加丰富，形成了专门的烟花制作行业。

一些原料最初作为药物也逐渐外传。公元1248年，阿拉伯药物学家白塔尔写了《单药大全》，记录了1400种药，其中讲到了硝石，这是阿拉伯文献中最早出现的有关硝石的记录。有趣的是，因为纯净、洁白如雪的硝石来自中国，白塔尔给硝石取名"中国雪"。约在公元13世纪，作为武器的火药随着蒙古军队的西征传播到阿拉伯地区和欧洲。在传播过程中，火药的制作技术得到了进一步改进，阿拉伯人和欧洲人在吸收中国技术的基础上，对配方和制作工艺进行了调整，使其性能更加稳定和强大。

明代是火药发展的鼎盛时期，军事上对火药武器的研发和应用达到了新高度。戚继光等将领在抗倭战争中大量使用火药武器，如鸟铳、火炮等，《天工开物》《武备志》等著作详细记载了当时先进的火药制作技术和各种火药武器的制造方法，火药品种更加多样化，据黄一农教授在《红夷大炮与明清战争》一书中的推算，大约有90多种。火药的爆炸力和燃烧效率也有了显著提高。

明代后期到清代，随着对火药研究的深入，出现了炸药的雏形。人们通过改进火药配方和制作工艺，尝试增强火药的爆炸威力，用于军事爆破和工程建设等领域。如在一些攻城战中，开始使用类似炸药包的武器，将火药包裹在一定容器内，利用其爆炸威力破坏敌方的防御工事。由于闭关锁国政策，科技发展缓慢，中国的炸药制作技术逐渐落后于西方。西方列强凭借先进的炸药技术和武器，在鸦片战争等一系列战争中占据优势，这也促使中国开始引进西方的炸药制造技术，传统的黑火药和炸药制作逐渐向近代化转变。人类技术的发展，往往都是不断积累进步的结果，火药也是如此。广西现存的这通记载制造传统火药的碑刻，为我们保存了中国传统技术的具体流程，也可以让我们了解清代军队技术兵种的部分工作，价值很高。

（胡小安　杨文定）

新式医院走来了
——清光绪十六年北海"太和医局"题额

"太和医局"石刻4字,在今北海珠海路5号老街原北帝庙内。字刻于建筑墙上,楷书。

"太和医局"旧址在今北海老街,这是北海市区最早的街道,被称为"北海第一街",具体在沙脊街(今民建一巷),与东西走向的大兴、升平、东安等街,共同见证了北海城区早期的繁华和文明。沙脊街约始建于清道光元年(1821),距今已有200多年的历史。其街道仅有2米多宽,路面全用花岗石条或其他石条铺砌。街上南北相向的店铺全为一层或两层的建筑,临街立面除墙柱外,全为木板结构,瓦檐伸出约1米,起着遮阳避雨的作用,保持着我国南方商居两用建筑的传统形式。民国初年,北海最早的医疗单位"太和医局""爱群医院",最大的会馆"广州会馆",最早的发电厂"保兴电灯公司"以及民政机构"北海公局"等单位亦在此街。

随着鸦片战争后国门的打开,北海作为重要的通商口岸,迎来了西方文化的涌入,其中就包括现代医学。西方传教士和医生

● 北海"太和医局"题额

来到北海,带来了全新的医学理念、解剖学知识、外科手术技术以及先进的医疗器械。1886年,英国安立间教会在北海创办了北海普仁医院,这是北海现代医学发展的重要里程碑。普仁医院引入了西医的诊疗模式,开设了门诊、住院部,开展外科手术、预防接种等业务,让北海民众第一次接触到了与传统中医截然不同的医疗方式。

现代医学的进入对北海的医疗格局带来了巨大冲击。西医凭借其立竿见影的外科手术效果、先进的消毒理念和科学的诊断方法,迅速吸引了一部分民众,同时也引发了中西医之间的碰撞与交流。一些人开始尝试接受西医的治疗，而中医界也在反思自身，积极探索与西医融合的道路。在这个过程中，北海的医学教育也逐渐兴起。普仁医院附设了医科学校，培养了一批既懂西医知识又了解本地情况的医护人员，为北海现代医学的发展储备了人才。

据《北海杂录》记载，太和医局设于光绪十六年（1890），是广州会馆的一个附属慈善机构，设在北海广州会馆西厢。该医局由广州商人捐款建成，与另一个慈善机构广仁社相辅相成，专办赠医、施药、舍棺事。该局有永远督理四人，另每年公举总理四人。聘请医师二人，每天七点至十一点值班，以便贫困病人到诊。太和医局在1935年重建为二层砖木结构骑楼，占地面积119平方米。北海一代名医傅光旭在20世纪20年代就开始行医，曾在该医局工作过。清末时期的北海是开放比较早的城市，也是现代医学发展比较早的地区。该医局是广西（时属广东）最早的现代医院之一，对北海的医疗卫生发展和现代医学的传播做出了重要的贡献。全面抗战兴起后，因日军入侵，社会动荡，太和医局也随之中落，医局业务逐渐停顿。不过其影响至今还在，旧址已经被列入市级文物保护单位，北海市目前还存在有"太和药行"等相关招牌。

（胡小安）

广西首个中医会
——清宣统三年《崇华医学会碑记》

《崇华医学会碑记》碑在桂林叠彩山风洞，现藏于桂林桂海碑林博物馆。由宜州吴仲复撰文，宣统三年（1911）七月初一日立碑。

碑文撰写于1911年，当时已经是清王朝灭亡的前夕，反清革命带来民族主义的兴起，革命思潮风起云涌，也由于近代医学的传播日益广泛，中华传统医学受到较大冲击，甚至开始出现"中医存废"之争。在此背景下，保存中医是众多中医行医者、爱好者的心愿，以"崇华"命名这个传统医学会，可以说既是对辛亥革命"恢复中华"主张的赞成，也是推崇传统医学的口号。崇华医学会是广西中医学会的前身，是广西中医界同人互通声气、加强联系、共同研究中医经典、交流医疗实践经验的自发组织。民国以后，会务不振，且后继乏人，终于风流云散。

碑记开头一句就推崇《黄帝内经》，简要叙述了中医的发展历程，指出宋代灭亡以后汉人受到打压，民族文化受到压制，中医也逐渐衰落，因此激励中医同人追求真道，不为俗移，不为时

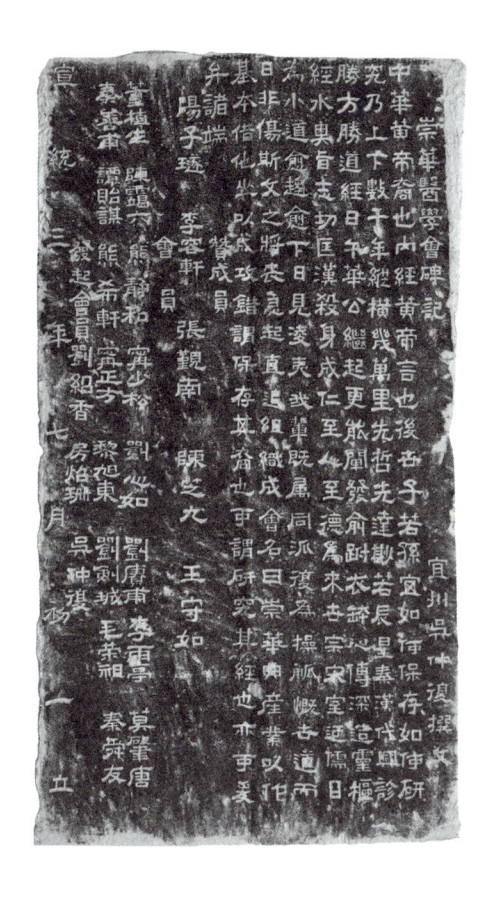

《崇华医学会碑记》
（桂海碑林博物馆提供）

蔽，应该有所创新。客观而言，这个认识并不正确，因为元明清时期中华文化并没有中断，反而继续发扬光大，成就了这三个朝代的大一统局面，清代还奠定了今天我国辽阔的版图疆域。就传统药典而言，明后期李时珍的《本草纲目》这一皇皇巨典也是明证。但是若从清末反清革命和中医受到质疑的大背景而言,这种叙述又是可以理解的。文中所说"谓保存其裔也可,谓研究其经也亦可",这个"裔"可以是中医传承之"裔",也可以是炎黄子孙之"裔";其研究的"经",既可以是《黄帝内经》这类中医经典,也可以是中华文化之经。这些人的志向和勇气是值得肯定的。

传统中医已历经数千年发展,形成了一套独特而完整的理论与实践体系,如阴阳五行学说、经络气血理论等。清末西医的到来,带来了全新的医学理念、解剖学知识、外科手术技术以及基于实验科学的研究方法,这与中医基于整体观、经验总结的诊疗方式形成鲜明对比,中西医争论由此拉开帷幕。

争论的核心首先聚焦于中医的科学性。以余云岫为代表的一批西医支持者,在《灵素商兑》中对中医理论发起猛烈攻击,认为阴阳五行、十二经脉等学说毫无科学依据,是迷信与臆想的产物,中医应被彻底废止。他们以西方科学为标尺,强调实证研究与量化分析,而中医理论中的抽象概念难以用这种标准衡量。然而,中医捍卫者如恽铁樵,在《群经见智录》中针锋相对,指出中医理论是基于长期实践总结的智慧结晶,虽与西方科学思维不同,但对人体生命规律的认知有着独特价值,其疗效的客观性不容置疑。

中西医结合的可行性也是争论焦点。一些人认为中西医分属不同文化体系,理论难以互通,强行结合会破坏中医的完整性,导致中医"西化"。但在临床实践中,越来越多的医生发现,中西医结合在某些疾病治疗上效果显著，如西医手术治疗外伤后，配合中医调理促进身体恢复。这种实践成果又推动了中西医结合理论的探索，杜亚泉就曾努力探寻中西医共通之处，为二者结合寻找理论基础。

在教育领域，中西医的争论也有体现。1913年北洋政府"教育系统漏列中医案"、1929年"废除旧医案"，都引发中医界的强烈抗议。中医界意识到，若想在新时代生存发展，必须建立起自己的教育体系，培养适应时代需求的中医人才。这一系列抗争与探索，促使中医教育在逐步现代化、融入现代科学知识的同时，坚守中医经典理论的传承。

近代中西医争论是中国医学发展的关键转折点，它打破了中医传统的发展模式，促使中医界不断反思、变革。一方面，中医在争论中汲取西医之长，如引入现代医学的诊断技术，改进中药炮制方法，改良药方，甚至将部分西药融合到中药之中；另一方面，争论也唤起了人们对中医文化价值的重视，不断挖掘其蕴含的哲学、医药学思想和技术，推动中医在传承中创新，在困境中寻求突破。应该说，作为目前所知的广西第一个中医会，崇华医学会就有这样的追求。

（胡小安）

民间偏方大全集
——清《验方新编》

《验方新编》摩崖石刻在桂林市临桂区南边山镇钱村崩山，落款时间等信息已经不存，根据风蚀程度、用词用字和药方来源，大致可以确定为清代后期或者民国初期。因采石炸损，现石刻仅存高0.8米、长1.32米的残部，留有46直行阴文楷书，每直行有29—36字不等，共约1280字。《临桂县概况》的"文物胜迹"中对此石刻有专题介绍，翁明鹏《桂林市临桂区古医方石刻初识》（《桂学研究》第八辑）中有完整著录。

这是一通罕见的古代医药摩崖石刻，记载了关于治疗或解除中风、中暑、中寒、中气、中毒、中恶一切不语卒死之症，上吐下泻、吐而不泻、泻而不吐、吐泻不出、口渴、肚痛、扯筋、妇人红崩、产后血晕、脐风、惊风、鸦片烟毒、蛇毒、溺水死、缩肠症等多种症状的药方。这些药方在清朝道光年间（1821—1850）鲍相璈辑录的《验方新编》中基本上都能够找到。

鲍相璈，字云韶，湖南善化（今长沙市）人，是清朝道光年间的医药学家，曾经任职广西。《验方新编》就是他在广西武宣

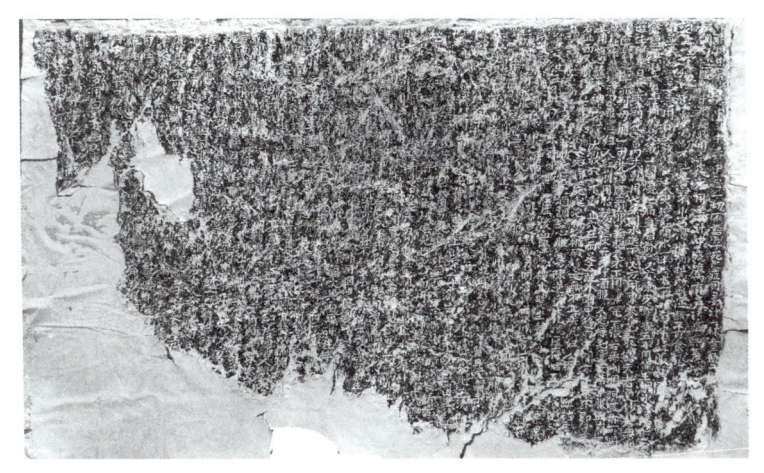

●《验方新编》

县官廨中选定编成并付梓刊刻的。他在序言中说,他编药方的目的就是让人免费使用药方并尽可能治病救人。他说小时候看到有些人藏有好药方,但是秘不传世,他对此极其鄙视,因此下定决心为普通百姓寻找药方,"或见于古今之载籍,或得之戚友之传闻,皆手录之",还删去不经过验证或者效果不佳者,对治疗效果相同的药方则选择容易找到配方以及价格便宜者,目的是"期于有是病即有是方,有是方即有是药,且有不费一钱而其效如神者。虽至穷乡僻壤之区,马足船唇之地,无不可以仓卒(猝)立办"。意思是他记载的药方既有效又便宜,而且药材容易寻找,哪怕再偏远的地方都可以使用。此书甫一面世，就在全国广为流传，并受到广泛称赞。此书有诸多版本，如道光二十九年（1849）潘仕成的粤东海山仙馆本、咸丰元年（1851）谭锦诒的湖南常宁余庆堂本、宣统三年（1911）上海会文堂书局本等。本书的影响由此可见一斑，在此之后流传至临桂南边山、六塘一带实属正常。

自从明后期李时珍《本草纲目》流传之后直至清代，各类官方医书和民间偏方在民间大量出现，比如广东的岭南小嬛嬛阁在清代就精刻了徐氏医学全书八种《难经经释》《医学论》《慎疾刍言》《神农本草经百种录》等发行。甚至当时流传的不少小说、话本之中都有医药知识，如《红楼梦》《聊斋志异》《镜花缘》《谐铎》等。有些人还把这类知识免费加以传授，以至于出现这种石刻药方，普通人都可以使用，这体现了医者仁心和中华优秀传统文化的精神。

该碑文所记各种症状及其治疗方法，不少是生活经验的总结，如急救溺水的方法："将溺人覆卧于上，脐下垫以棉枕，以布遮眼，免灰眯目，其撬口衔筷，灌姜汁，吹耳、鼻、谷道。"即告诉大家不要慌张，先用恰当的办法使溺水之人吐出口鼻之中的水，然后进行人工呼吸。我们今天无论是根据生活经验还是依据海姆立克急救原理，都知道这类做法是有一定效果的。有些偏方则体现了中医明辨症候、辨证施治的原则，使用"催、泻、下"等方法，如"治上吐下泻、吐而不泻、泻而不吐、吐泻不出、口渴、肚痛、扯筋，此症断不可食粥饭并米汤与姜。急用食盐放铁铲上入火烧红，开水一半冷水一半兑匀，冲盐服"，这也是有道理的。我们今天知道，患有此类症状，基本上是食物中毒或者感染细菌病毒而引起急性胃肠炎，是不能再吃东西尤其是刺激性食物的，最好的办法是补充生理盐水。先把盐烧红（因古代的食盐制作和贮藏问题，有可能沾染细菌，烧红有杀菌的功能），冲温开水服用，大致有补充生理盐水的效果。当然也有不少方法是依据"以形补形"的观念，甚至玄想臆断、带有巫术性质，必须以科学态度对待，不可迷信。

至于此方是何人刊刻于石上，因为石刻信息不全，已经无法知晓，推测应该是当地有一定医术而又有仁爱之心的人。清代广西出现这类情况是有着深厚社会基础的。首先，广西独特的地理环境和气候条件，使得当地药材资源极为丰富。据统计，当时广西的中药材品种多达数千种，如肉桂、八角茴香、鸡血藤、罗汉果等，很早以来本地人就熟悉当地动植物和矿物的药用功能。随着药材资源的开发和利用，广西的药材贸易也日益繁荣。清代桂林、梧州、南宁、百色等城市成为重要的药材集散地，广西的药材通过水路和陆路运往全国各地，促进了广西与其他地区的经济文化交流。其次，清代广西出现了不少医学名家和医学传播者，如别号"一剂先生"的甘庸德。甘庸德是清代乾隆时期广西平南县大乌里人，医术高超，深得刘河间、朱丹溪医治的方法，曾在平南大安圩设立"佐化堂"药店，据说县令尚政文服用他的方药，痊愈后写了"才堪华国"四字的匾额赠送给他。再如昭平的古绍先在道光至同治年间继承父业成为著名中医，开设有"回春堂"

药铺兼诊所。清代乾隆年间大学士、临桂人陈宏谋，文学名家、柳州人郑献甫（小谷），著名绅士、全州人蒋励常等，都在其著作中谈及医术医药。再次，清代广西各级官府和不少民间组织积极为百姓提供医疗服务，如在桂林、柳州等地设立了惠民药局，这些药局配备了专业的医生和药剂师，为贫困患者免费提供药品和治疗。此外，一些寺庙和道观也会开设诊所，治病救人。这些做法都营造了"医者仁心""救死扶伤"的社会氛围，启发了人们将药方公之于众的想法和举动。

（胡小安）

神秘的蛊毒解法
——民国十八年《兴安、龙胜、义宁、灵川四县瑶族地方联合大团禁蛊碑》

《兴安、龙胜、义宁、灵川四县瑶族地方联合大团禁蛊碑》在今灵川县兰田瑶族乡二十四田村小学校后面。碑额刻有兴安、龙胜、义宁、灵川四县县名,在县名之下分别刻有各县的84个村寨名称,均位于桂北四县交界处,地处山区,为瑶族聚居地。碑文提到这些地方长期有所谓"邪蛊"流传,一些无良之徒秘密传习,最终害人害牲害收成,引起地方的恐慌,因此决定联合协商,对此种"法术"予以禁止。

禁蛊就是禁止养蛊和放蛊。而"蛊"字和"蛊毒",早在两千多年前的春秋战国时期就已经出现。据《左传·昭公元年》所载,秦景公派一名叫医和的医生为晋平公治病,该国一名叫赵文子的人即问及什么叫蛊,医和说:"过度沉湎于某种事情所引起的病就叫作蛊。器皿生虫也为蛊,谷子生出来的飞虫也叫蛊。"明代著名医学家李时珍在《本草纲目》中也说:"取百虫入瓮中,

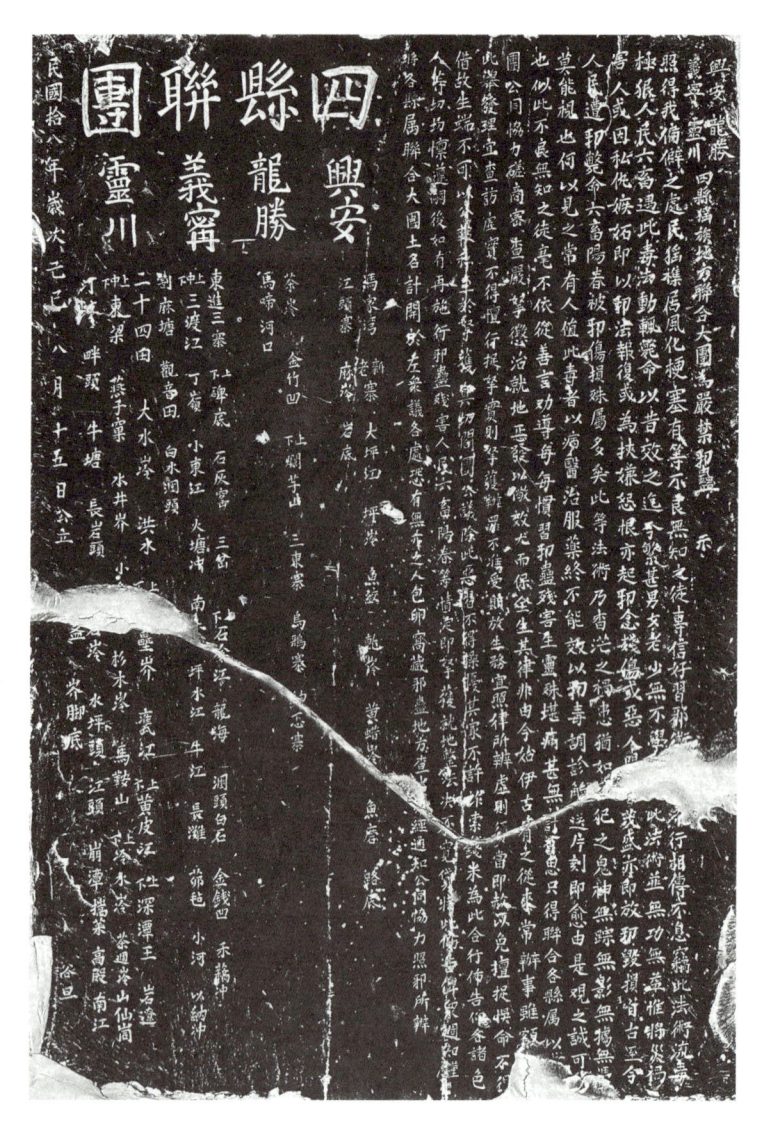

●《兴安、龙胜、义宁、灵川四县瑶族地方联合大团禁蛊碑》

经年开之，必有一虫尽食诸虫，即此名为'蛊'。"从医药学角度认为蛊毒乃蓄养百虫而得之。

据说古代岭南西南地区是"蛊毒"比较盛行的地方。宋代周去非《岭外代答》称蛊毒有两种，一种为急性，一种为慢性。如果是人、畜中了急性的，顷刻即死；中的是慢性者，可延至半年时间。蛊毒的名称，以所蓄养之虫名而名之。明末邝露在《赤雅》之中也记载了西南地区养蛊、蓄蛊的可怕。所谓"蛊毒"之所以在我国南方山区尤甚，是因为南方气候炎热，湿度较大，毒虫易于生长；且处处多崇山峻岭，森林茂密，交通不便，给人以神秘难明之感。

古人从另一种角度还认为"蛊"是一种邪术妖术。正如碑文一开始所指出的："不良无知之徒专信好习邪术蛊事，代所流行，相传不息，窃此法术流毒极狠，人民、六畜遇此毒法动辄毙命。"且"此等法术，乃杳茫之祸患，犹如殛犯之鬼神，无踪无影，无据无凭，莫能视也"。兼之人们对蓄放蛊毒又往往是以讹传邪，这就更给蓄放蛊毒蒙上了一层神秘色彩。因此，有的人中了蛊毒不仅不知道是谁放的，也不知道中的是什么蛊毒；有人还以为是得了病，有的人则认为是中了邪术。认为是得了病的人又往往是"有病乱投医"，正如碑中所述："有人值此毒者，以病医治服药，终不能效。"而那些误认为是中了邪的人，则又轻信于人，请来道士、和尚设坛念经。故此，两者至死均不明其原因。其实中了蛊毒之人，如果"以邪毒调诊解送，片刻即愈"。也就是说，即使是中了蛊毒者也还是可以治愈的。古代已有大量解毒解蛊的记载，如唐代《本草拾遗》说："岭南多毒物，亦多解物。"《诸病源候论·蛊毒病诸候》记载了岭南俚人（壮族先民）使用的五种毒药：不强药、蓝药、焦铜药、金药、菌药。壮族先民使用的解毒药用途很广，主要有解虫毒、解蛇毒、解食毒、解药毒、解金石之毒、解箭毒、解蛊毒等。民国《融县志》记载融县路顺德精医学，著有《治蛊新方》一册。

正因为施放蛊毒乃"杳茫祸患"之事，令人防不胜防，因此旧时外乡人到民族地区走亲访友或帮工做事，只要一提"蛊"字，莫不谈虎色变。养蛊、蓄蛊乃至放蛊又多被传说是妇女所为，究其原因，是因为妇女的社会地位低下，且又受夫权的压迫，可能有妇女反抗的因素，更多是妇女被污名化的结果。历代统治者将蓄毒与施毒者予以严惩。如《大清律》规定："凡造蓄蛊毒，堪以杀人及教令者，斩……若里长知而不举者，各杖一百，不知者不坐。告获者官给赏银二十两。"雍正时期广西巡抚金鉷曾发布《严查养蛊以除民患示》，指出造蓄蛊毒和施放蛊毒乃为"王法之所不宥，天理之所不容"，并表明官府对这种危害人们生命财产安全的犯罪行为"务期净绝根株，为尔地方除此隐害"的决心。

中华人民共和国成立后，各级党和政府在少数民族聚居地区广泛开展宣传教育，严厉打击封建迷信，养蛊、蓄蛊、放蛊现象已经消失,但是这种历史现象还会残留在某些人的想象或者社会记忆之中。

(胡小安　曾桥旺)

至和間劉君錫以事竄嶺南
至桂州遇劉仲遠先生口授
此方仲遠是時已百餘歲君
錫服此仲遠閱歲表數年竟
起服此之患後眾襄陽壽至
凡旬間之仲遠曰凌晨
說試療之間之仲遠曰凌晨
盟柳記未得議餘食旦先服
此誓可保一日無事旦旦如

【 水利与工程 】

劈礁通海开运河
——唐咸通九年《天威径新凿海派碑》

裴硎《天威径新凿海派碑》（以下简称裴碑），作于唐懿宗咸通九年（868）九月。原碑不存，碑文著录在清代董诰所编《全唐文》卷八〇五（第6册，山西教育出版社，2002年，第4983—4984页）。

南宋周去非《岭外代答》中有"天威遥"条目，记载当时有一个叫曾果的钦州士子，拿了一篇唐人所作《天威遥碑文》给他看，周去非认为该碑"文义骈俪，诚唐文也"。《岭外代答》的点校者杨武泉先生认为《岭外代答》的"天威遥"应该是"天威径"之讹，这是可能的。但是他认为今天《全唐文》所记裴碑"文非骈俪"，记载又有出入，因此"必非曾果、周去非所见之文……曾、周所见，盖其后另一碑，惜其文已佚耳"。杨先生这个论断未必正确，今天《全唐文》所录裴碑看起来有些地方像散文，其实是典型的仿汉赋的韵文，杨先生失察，令人稍有遗憾。而周去非所记该碑梗概（并没有记录一句原文），确实与《全唐文》裴碑有出入。其原因可能有二：第一，当年曾果所抄之裴碑也是转抄

《天威径新凿海派碑》

而来，本来就有出入；第二，曾衮拿给周氏所看之碑没有问题，而是因为《岭外代答》是周去非晚年所著，他对裴碑的内容已经记不准确，于是将碑文与五代时期孙光宪所著《北梦琐言》等其他内容混杂在一起，并不是对曾衮拿来之碑的实录。由此可见，读史容易考史难。

该碑记录了潭蓬运河开凿的艰难历程。此地原来海域浩渺、浪涛汹涌，行船艰险。东汉马伏波、唐代三都护开凿均未成功，伤亡惨重。渤海公为平交趾、运粮便利，派林讽、余存古率千余人开凿。施工时巨石坚硬，人力难克。幸得三次雷电震碎巨石，泉水涌出。最终运河贯通，让原本危险的水路变为安流坦途，使船只避开险浪，安全航行。这一伟大工程，是古人凭借简陋工具与顽强毅力，在科技有限的情况下挑战自然的成果，本碑记载虽带有一定的神话色彩，却彰显着古人改造自然的非凡执着与不朽传奇。

广西防城港市江山半岛的潭蓬运河（天威径）宛如一颗璀璨的明珠，闪耀着独特的光芒。它是中国唯一联系两个港湾的运河。20世纪80年代末，北京大学、宁夏大学和广西壮族自治区博物馆的专家学者曾先后到潭蓬古运河考察研究，一致认为潭蓬运河是中国目前仅有的两大"仙人陇"之一，是罕见的世界奇观。潭蓬运河承载着厚重的历史，见证了古人劈山通海的壮举，更是古代科技与传奇色彩交织的不朽杰作。

潭蓬运河位于江山半岛潭蓬村，呈东西走向，全长约3公里。其两岸悬崖陡壁，巨石嶙峋，树木繁茂，构成了一幅天然雄浑的画卷。东段河道狭窄，多为坚岩峭壁，开凿难度超乎想象。石壁下离水面约1米处，有"咸通九年三月七日"和"湖南军"的刻字，以及水下约50厘米处的石壁上有"元和三年"的字迹，可能就是唐代石刻的残留。西段河道逐渐开阔，最宽处约25米。运河贯通北部湾海面，连通潭蓬湾与万淞港，让潭蓬到东兴的水路无须再绕行白龙尾，大大缩短航程，还避开了怪石滩的暗礁险浪，保障了船只的航行安全。

回溯潭蓬运河的开凿历史，最早可至汉代。彼时，东汉名将马援为平定交趾，解决粮草运输难题，决心开凿运河。据《天威径新凿海派碑》记载："今天威径者，自东汉马伏波欲剪二征，将图交趾，煎熬馈运，间阔沧溟，乃凿石穿山，远避海路。及施功用，死役者不啻万辈，竟不遂其志。多为霆震山之巨石，自巅而咽之。"面对坚硬的岩石和恶劣的施工条件，加之战事紧迫，工程不得不中途搁置，无数生命消逝在这开山辟路的艰难进程中。

到了唐朝初期，以前开凿运河留下的痕迹，已经全都埋没在荒草和残垣碎石当中。但仍有人前赴后继，试图完成这项伟大工程。《天威径新凿海派碑》记载："自唐皇有三都护，其旧迹俱没。欲继其事，遂命叠燎沃醯。力殚物耗，踵前功而不就。又各殒数千夫，积骸于迳之畔。"先辈们采用堆积柴草焚烧，再浇醋软化石头的方法，虽耗尽心力物力，依旧未能成功，又有数千人为此献出生命，累累白骨诉说着工程的悲壮与艰难。

直到唐咸通年间（860—873），安南都护高骈为稳定军队后勤补给，再次发起开凿运河的挑战。从咸通九年四月起，将士们手持锐斧、操起锹锸，开启了第三次开凿征程。"操持锹锸，丰备资粮，锐斧刚錾，刊山琢石。是石坚而顽，盘而厚，并手揭折，纂力镌槌。"在那个没有现代机械的时代，面对坚硬如铁、厚重盘绕的巨石，工人们只能凭借人力和简单工具，与大自然展开殊死较量。他们利用杠杆原理撬动巨石，利用绳索搬运重物，利用火烤、醋浇的方法软化岩石，再用錾子、斧头一点点开凿。这些方法看似原始，却蕴含着古人对力学、热胀冷缩等科学原理的深刻理解和巧妙运用，是古代科技的生动展现。

在潭蓬运河开凿的艰难岁月里，民间流传着诸多神话传说，为这项工程增添了一抹神秘色彩。当工匠们面对坚硬巨石无计可施时，得到了神明的助力。《北梦琐言》中记载高骈重赏工匠，克服难题，但是同时也说"或言骈以术假雷电以开之，未知其详"。《天威径新凿海派碑》也记载："忽狂云兴，怒风作，窥林若瞑，视掌如瞽。俄有轰雷磷电，自励石之所，大震数百里。"刹那间，狂风大作，电闪雷鸣，巨石在雷霆中纷纷碎裂。南宋周去非《岭外代答》"天威遥"条目也记载高骈祈祷神灵，不久大雨雷电，顽石全部破碎。这与闽王王审知梦到伍子胥相助开通港口的传说相似，《北梦琐言》记载此事说："王审知患海畔石埼为舟楫之梗，一夜，梦吴安王（即伍子胥）许以开导。乃命判官刘山甫躬往祈祭。三奠才毕，风雷勃兴。山甫凭高观焉，见海中有黄物，可长千百丈，奋跃攻击。凡三日，晴霁，见石港通畅，便于泛涉。"这些传说虽缺乏科学依据，却反映出人们对自然的敬畏和对完成工程的期许。在当时，面对浩大艰巨的开凿任务，人力显得渺小，传说给予了工匠们精神慰藉。它让工匠们相信自己的事业顺应天意，即便环境艰苦，也能凭借这份信念砥砺前行，最终完成了这一伟大的水利工程。

历经数月的艰苦努力，到该年九月，这条长约3千米、宽数米，贯穿江山半岛，连通北部湾，沟通潭蓬湾和万淞港的运河终于大功告成。运河凿通后，从合浦、钦州而来的船舶不必绕过风高浪急和海盗出没频繁的江山半岛，而是可以直接往返于东兴和安南（今越南）之间的海域，带动了沿线的港口建设和商贸繁荣。曾经阻碍交通、充满危险的海域，因这条运河的出现，变成了商贸往来的通途，沿岸的经济迅速发展，不同地区的文化也在这里交融碰撞，迸发出新的活力。

　　如今，潭蓬运河虽不再是往昔繁忙的交通要道，却作为历史的见证者，散发着独特魅力，它是古代科技智慧与人类坚韧精神的不朽丰碑。先辈们开凿时，面对坚硬岩石，运用火烤、醋浇之法，利用热胀冷缩原理让岩石易于开凿；搬运巨石时，借助杠杆原理省力增效。这些方法体现了古人对自然科学原理的深刻洞察与灵活运用。古老石刻与传说，诉说着先辈劈山通海的故事，站在运河边，仿佛能看到当年工匠们挥汗如雨的身影，深刻感受到他们对美好生活的向往和对未知世界的探索精神。

（黄月明　胡小安）

巧夺天工万古渠
——明洪武二十九年《通筑兴安渠陡记》

《通筑兴安渠陡记》刊于明代洪武二十九年（1396），御史严震直、书吏高斌撰文，广西布政使司委官庆远同知皮南玉刻石。据唐兆民《灵渠文献粹编》记载，该碑文根据广西省文献委员会1947年碑文拓本（碑有残缺，以清代蒋方正编纂《兴安县志》卷十三《胜迹·金石》校补）著录。以此推断，原碑在1947年还存在于灵渠边，今已不存。该碑文历史上有著录，明嘉靖时期黄佐所修《广西通志》卷十六《沟洫志》最早，此后清代嘉庆《广西金石录》有著录。

关于严震直此次修渠，有众多人为之唱酬，如清代所编《粤西诗载》卷七吴勤《题重修灵渠》等，不一一列举。

千古灵渠，不仅是沟通长江水系与珠江水系的交通要道，更是古代水利工程技术不断发展与传承的生动写照。灵渠历代重修，有记载的就达37次之多，今天看到的灵渠还基本保留古代原貌。灵渠的主体工程包括铧嘴、大小天平、南渠、北渠、秦堤、陡门等。铧嘴形如犁铧，位于兴安县城东南3公里海洋河上的拦河大坝上游，它将湘江水流一分为二，三分水流入南渠，七分水流入北渠，起到了分水的关键作用。大小天平则是拦截海洋河的拦河坝，与铧嘴紧密配合，既能在枯水期将湘江水引入灵渠，又能在洪水期排泄多余的水量，保证了灵渠的水量平衡。南渠长约33公里，从南陡口起，过严关，一路流到溶江镇老街的灵河口，然后流入漓江；北渠大致与湘江故道相平行，全长3.2公里，是人工开凿的新道。秦堤则是为了保护南渠而修建的防洪堤，蜿蜒曲折，宛如一条巨龙横卧在灵渠之畔。陡门，又称斗门，是灵渠的重要通航设施，通过调节水位，确保船只能够顺利通过不同水位的河段。

公元前219年，秦始皇为征服岭南，下令开凿灵渠。史禄临危受命，主持这项伟大工程。彼时，面对湘江与漓江水位差大、地形复杂等难题，史禄带领工匠们发挥聪明才智，发明了"斗门"（船闸雏形），解决了航运难题。经过五年艰辛努力，公元前214年灵渠凿成通航，它连通了湘江和漓江，为秦朝统一岭南立下汗马功劳，也成为世界水利史上的奇迹。

汉代，马援续修灵渠，建立斗门，进一步完善了其通航功能。史书虽未详细记载马援修渠的具体技术细节，但斗门的建立无疑是对灵渠通航能力的重要提升，使得灵渠在汉代的南北交通中发挥着更为重要的作用，促进了中原与岭南地区的经济文化交流。

唐代，灵渠的修缮工作取得了重大进展。李渤重修灵渠，修建了铧嘴，置石陡门，分水为二，造了铧堤，修建了南陡和北陡，重建了渠道上的十八座陡门。这一系列举措极大地改善了灵渠的水利设施，增强了其分水、通航功能。唐咸通九年（868），鱼孟威对灵渠进行全面修复，"不仅疏浚渠道，加固陡门、秦堤，修复铧堤、铧嘴，还把陡门增加到十八重，使配套工程更趋完善，成效更为显著"。此时的灵渠，在唐代的经济文化繁荣中扮演着关键角色，成为连接中原与岭南乃至海外贸易的重要通道。

宋代，李师中重修灵渠，将唐代的十八陡增建为三十六陡。这一改进使得灵渠在水位调节方面更加灵活，适应了不同季节和水位变化下的航运需求。灵渠周边的商业活动也因航运的便利而日益繁荣，进一步促进了宋代南方经济的发展。

元代，也儿吉尼修复了铧堤及陡门的溃坏处。尽管元代的灵渠修缮工程在规模上可能不及唐宋时期，但对关键部位的及时修复，保证了灵渠的基本通航功能，维持了其在南北交通中的重要地位。

元末明初由于战乱等因素影响，灵渠功用大不如前。据《明实录》《明史》等文献记载，明洪武二十八年（1395）秋，奉议、南丹、向武、都康等土司地区局势动荡，朝廷遣将征讨。太子少保、兵部尚书唐铎途经兴安，见灵渠荒废，残态尽显，于是据实奏于朝廷。灵渠作为战略交通要道，其废弛致使水道壅塞，漕运受阻，军需难以为继，且严重影响地方及周边的商贸往来与民生经济，更不利于朝廷对地方的有效治理。鉴于此，二十九年（1396），奉皇帝朱元璋的命令，全面修筑兴安县的水渠陡门。此次修筑工程成果斐然，《通筑兴安渠陡记》碑文记载了这一盛事。

当年九月十一日动工，至十二月竣工。灵渠堤岸长达

● 《通筑兴安渠陡记》（桂海碑林博物馆提供）

二百二十六丈，宽六丈零六尺，高五尺，渠道二尺，采用坚固之法垒砌，异常稳固。中江石岸长四十五丈。龙母祠前有三处陡岸，建造精细。南北河道疏通长度达五千一百五十九丈，沿岸精心营造了三十六处陡岸。设有灌田水渠二十四处，涵陂小陡二处，泄水陂三处，共长十五丈，布局合理，功用明确。还新建了工艺精湛的白云、攀桂二桥。工程用去"石块石板二万八千一百三十余块，椿木一万五千五百余根，石灰六十七万四千九百余斤"。此次大规模的修筑之举，尽显明代对灵渠的高度重视。修复后的灵渠，在军事和经济活动中发挥了关键作用，保障了物资运输的顺畅，促进了地区的稳定与繁荣。

清代，灵渠航运迎来高峰，却也问题丛生。清前期，因水患肆虐且维护不及时，灵渠的堤防与陡门多有溃坏，冬季水枯时舟船难行，湘江至灵渠河段更有恶石屡屡损坏过往船只。康熙年间（1662—1722），对灵渠进行了多次疏浚修缮。两广总督石琳，广西巡抚范承勋、王起元等人都捐出过俸禄修缮灵渠，康熙五十年（1711），陈元龙出任广西巡抚。五十三年（1714）三月，他见灵渠"天平石、飞来石"等险要工程几乎全部损毁，原本设置的三十六处陡门，仅存十四处遗迹，其余皆荡然无存，便奏请朝廷拨款并自捐俸禄，派桂林府同知黄之孝监督修缮。施工期间，"既浚其陡，复疏其河"，对灵渠进行了全面整治，同时疏浚了全州至灵渠的河道。在技术层面，大小南北天平石采用龟背形巨石，天平坝铺设鱼鳞石，结构坚固，牢不可破；修筑堤岸时，掘地七八尺之深，植入大木排桩，"上以大石合缝砌之，灌以灰浆"，使堤岸坚实稳固。此外，还修整恢复陡门二十二处，凿除湘江上游滩石十九处，消除了行船隐患。经此修缮，灵渠重焕生机，再度成为连接南北的重要水运通道。顺便一提，历史上灵渠屡修屡坏，主要由于洪水冲击、官府维护不力、运输与灌溉矛盾等多种因素。

中华人民共和国成立后，政府对灵渠的修复和疏浚高度重视。1953年冬，兴安县水利局疏通南渠南陡至大湾陡一段渠道，使北渠通水正常，并重修飞来石旁秦堤。1955年修建支灵水库，后又建上桂峡水库，调节南渠水量，提高灌溉用水保证程度。1973年至1979年，广西壮族自治区拨款修缮秦堤，建北陡下防洪堤，修复竹枝堰，拆除堵塞北渠的拦渠坝，北渠恢复通水。

灵渠作为世界上最古老的运河之一，被誉为"世界古代水利建筑明珠"，与都江堰、郑国渠并称为中国最古老的三大水利工程。它不仅是古代水利工程的杰出代表，承载着丰富的历史文化内涵，还在现代继续发挥着灌溉、排洪、生态补水等功能，同时成为重要的旅游资源，吸引着无数游客领略其千年魅力。灵渠这条千年古渠，历经多个朝代的修缮与发展，见证了中华民族在水利工程技术上的不断探索与创新，也成为连接不同历史时期经济文化交流的重要纽带，其价值和意义必将随着时间的推移而愈发彰显。

（黄月明　胡小安）

细微之处看修桥
——明嘉靖六年《重修飞鸾桥记》

《重修飞鸾桥记》碑原在全州飞鸾桥北，20世纪90年代修《全州县志》（1998年出版）时，编者仍见到原碑并将碑文加以抄录，今已不存。该文最早见于明代大学士、全州人蒋冕所著《湘皋集》卷十九（蒋钦挥点校本，第195—196页），1998年版《全州县志》"文献附录"所抄录碑文与《湘皋集》有数处不同，今采用《湘皋集》所载碑文。

该碑文详细叙述了飞鸾桥的作用、损坏过程和重修经过。该桥于嘉靖四年（1525）修建，嘉靖六年（1527）建成，是往来湖南和广西的重要通道，所谓"全之为州，东北接永，北跨东安，东控灌阳，西南经全义，以达于桂。其间舆梁徒杠不下数十，而飞鸾最为要冲"。当时由于镇压各地瑶民起义，兵员、物资和人员来往非常频繁，在旧桥被冲毁之后，由官府拨款重建，不但有利于当地各种治安巡查，也有利于居民生活。从碑文中我们可以清晰地看到传统石墩木桥修建的细节，体会其高超技术和精益求精的工匠精神。

> 飛鸞橋修造記
>
> 水行地中如血脈之在人身無處無之然人之往來於四方而水不能為之阻者隨流上下則有舟楫焉截流橫過則有橋梁焉平險阻以濟不逼非以財成輔相之功用有以助造化之所不及者邪全之為州東北接永北跨東安東控灌陽西南經全義以達於桂其間輿梁徒杠不下數十惟飛鸞最為要衝飛鸞在城西五里許羅江會郡西山谷諸水東北行至此橫亙於道舊為洪巖渡方氣升水漲檥舟而渡者時始獲抵岸翔橋跨水上以永利濟不知始於何時

● 《重修飞鸾桥记》

首先是修建桥墩，这是最基础、最重要且最艰难的工序，所谓"基础不牢，地动山摇"就是如此。要在山上取石之大且坚者，叠加而为桥墩。新桥一共六个桥墩，比旧桥增加一个，有利于承重，也说明江面有一定宽度。砌墩之石非常讲究，一定要锤凿加精、整然如削，彼此函合，犬牙相错，砌起来不能有丝毫罅隙，否则不稳。这一步非常严格，"凡细石沙土非惟不必用，亦不能用矣"。凡是发现石工有懒惰奸猾者，想要偷工减料、以次充好，必定被监督官员严惩以警众，也可见监管严格。

其次是筑牢两堤。桥堤南北对峙，属于桥头的拉力和承重部分，而且同样要面临洪水的冲刷，因此筑牢加固，才能确保桥身稳固。北堤正当暴涨冲突处，既拓又增，高度与宽度都比之前有所增加。堤西新甃分水堰，以杀洪流，高一丈，宽三丈；南堤水势较为平缓，则大致按照旧桥规模重修。

再次是在桥墩之上架坚木为横梁，这是仅次于桥墩的承重部分，必须以最为坚硬的木头横架，且必须形成横竖嵌入形制才能保证稳固，不至于散架。铺设坚梁之后，再在其上铺之以板，加砖板上，桥中则以石条铺压，梁之上覆以屋四十八间。从这里来看，这是一座风雨桥式的大桥。桥的两头尽处各做一门，形状如牌楼，上面悬挂匾额。两门都有门锁，常年配备两个人员专门看管守护，保证了石桥的泄水和过往人员管理。据雍正《广西通志》所载清初郝浴《飞鸾桥记》，此桥建成后，历经一百五十多年的风雨洪涝，到了康熙十七年戊午（1678）再次被洪水冲垮，在征南将军蔡元倡导下，历时三十二个月，到康熙二十年（1681）冬再次修复，建成一座风雨桥。可见当时桥体之坚固。

据《明史·蒋冕传》记载，碑文作者蒋冕，全州人，成化十三年（1477）举乡试第一，成化二十三年（1487）与兄蒋昇同登进士，选庶吉士。弘治二年（1489）十一月，被授为翰林院编修，后历任翰林院侍讲、翰林院侍读学士、吏部右侍郎、吏部左侍郎、礼部尚书等职。正德十一年（1516）二月，以礼部尚书兼文渊阁大学士的身份进入内阁。正德十二年（1517）改武英殿，加太子太傅。正德十四年（1519）扈帝南征还，加少傅兼太子太傅、户部尚书、谨身殿大学士。明武宗死后，蒋冕与杨廷和谋划诛杀了武宗宠臣江彬。世宗即位后，力辞世宗所加伯爵等赏赐。嘉靖三年（1524），首辅杨廷和因不支持嘉靖帝的"议大礼"之举，被罢官。蒋冕成为内阁首辅，仅两个多月也被迫致仕。嘉靖七年（1528）六月蒋冕被革职为民，嘉靖十一年（1532）去世，享年七十岁。隆庆初年追认复官，谥"文定"。

明武宗非常有个性，率性自为，朝政紊乱（当然也有学者认为其另有苦衷和想法，这是值得关注的另一个话题）。蒋冕经常直言进谏，《明史》评价其在正德朝"有匡弼功"。蒋冕家国情怀非常浓厚，嘉靖初年致仕居家后，数次写信给在位的亲友旧识，反映广西的情况，希望他们能够善待百姓、安定社会。蒋姓是全州大姓，蒋冕一直不忘探索先祖来历，花费大量心血修撰族谱，编写族规家训，维持良好乡俗家风，这些事情都记录在他的文集《湘皋集》之中。

（胡小安）

整治河道新工具
——明万历三十八年《开辟府江险滩碑文》

《开辟府江险滩碑文》著录于光绪《平乐府志》卷十七《艺文志》（第105—109页），系由明朝万历三十九年（1611）府江兵备道长官翁汝进撰文。该碑文在清代《粤西文载》以及1992年版《昭平县志》亦有载，与《府志》有若干不同之处，因《府志》更加详细和准确，今采用《府志》所载。同时期另有胡醇臣《府江滩峡记》（碑在龙门峡。黄钰编《瑶族石刻录》收录，云南民族出版社，1993年，第445—446页）也记录了同一事件。

明中叶，广西东部府江（即漓江下游）地区瑶壮人民频繁起事，经过嘉靖至万历中期的数次镇压，基本平静。明朝廷新设了昭平县，并在仙回（今仙回瑶族乡）等地设置了若干土巡检（也是土司的一种），长官称为土舍。这次开凿疏通府江河道，最困难的是昭平一带有不少马鞍石，经常有航船撞石沉没。要进行施工，首先要解决能不能做的问题。当时议论很多，有人认为江中巨石有关风水地脉，不能去破坏；有人认为江中有神灵，不能去触碰；甚至有人还有鼻子有眼地说以前因为有人不信邪去开凿，

●《开辟府江险滩碑文》

结果石中江中流血出来；还有人说没有技术没有钱，想做也做不了。广西巡抚蔡应科与府江兵备道翁汝进、平乐知府陈启孙协商一致，坚定支持开凿险滩，招募足智多才的土舍黄仲拙解决技术问题，依靠食盐专卖和官员捐资解决了经费问题。巨大工程的前期调研和充分准备，往往是成功的前提，这就是科学决策。这次开凿府江险滩做到了这一点，反映了古人的聪明才智。

其次是技术问题，土舍黄仲拙对此贡献最大最独特，显示当地人民伟大的创造力，即制造了三角船、千斤飞撞、五爪龙、蜈蚣铲等新式工具。击碎雷霹、藤湾、龙门等共三十险滩的礁石，使得航船络绎上下，不再危险。这四种新式工具没有绘制图形存留，不知具体形状。但是以名字推测而言，三角船是一种载人三角木船，可以减少河水阻力，便于在水面上施工，类似现在的冲锋舟，所以碑文说"角舟所峙，无湍不分"。千斤飞撞，应该是重量非常大的撞击工具。当然要使用这么沉重的工具，必须有配套的控制设施和使力方法，要懂得惯性、滑轮或者钟摆原理。"五爪龙"应该是一种抓握工具，一拉某部分，另一部分就收缩起来，从而紧抓物品不至于松动掉落，其设计应该是从雨伞的收缩原理领悟而成，用于抓取已经撞击松动或者掉落的巨石，所以碑文说"龙爪所擎，无根不拔"。蜈蚣铲应该是形状像蜈蚣的铁铲，是用来疏通撞碎的积石和不平整的河道淤泥之类，所以碑文说"蜈蚣所铲，无峭不平"。这些新式工具的发明制造，确实需要非凡的聪明智慧和丰富的实践经验。

再次是具体的组织和施工时间、方式。碑文的描述是："亙寒水落，方可鸠工"，也就是必须在冬春之际水位降至低点之时才能开工，所以该工程是"历冬春者三"，经过万历三十六年戊申（1608）到三十九年辛亥（1611）三个冬春之际。至今兴修水利都是选择冬春时节的。不过这个季节最大的麻烦就是天冷，所以碑文记载施工之时，军民表现出巨大的毅力和勇气，"笼石维舟，架木悬梃，百夫鹄立澜瀑中，前牵后掣，呼声动天"，所有兵民"尽忘其寒栗颠顿，与激澜砥柱争数十年之命"。透过这些生动描述，我们看到一幅组织有序、热火朝天的画卷，感受到当时兵民敢于斗争、敢于牺牲的精神。

关于土舍黄仲拙，清代乾隆《昭平县志》卷七《人物》有记载，说其祖先是靖海卫世袭指挥，明初跟从大军征讨交趾，有功，升为向武土州知州。明万历三年（1575）五指、白帽一带农民在黎天龙率领下起义，黄仲拙随总兵李锡率兵前来镇压有功，授韦洞（今钟山英家桔芬）巡检司。万历八年（1580），黄仲拙主持疏辟思勤江，以利通航。万历十三年（1585）又随军镇压府江地区农民起义，次年被擢授古眉寨（今仙回）世袭巡检司，遂定居仙回，并先后在韦洞、仙回筑造城池，设立衙署，参与开通思勤江、府江航道。清代地方志关于其祖先来历的介绍，很可能是根据黄氏后人的叙述，说成是外来卫所官员即靖海卫世袭指挥的后裔，但是明初能够做土知州的，一般是本地人；而且明代靖海卫在今山东威海，负责管理胶东海防要塞，其世袭指挥居然被征调来做边疆山区的土司，难以令人信服。

黄氏定居昭平仙回之后，逐渐发展成为一个庞大的家族，在民国时期修建了祠堂、编修了族谱，至今族人每年祭祀，都要了解其先祖来源，追念祖先功绩，这实际上有助于传承优良家风，也有助于铸牢中华民族共同体意识。

（胡小安）

灵渠喜变双子座
——清雍正十年《临桂陡河碑记》

《临桂陡河碑记》作者为雍正年间广西巡抚金鉷，嘉庆《临桂县志》卷一一《山川十·水利》，以及今人唐兆民编《灵渠文献粹编》（第209页）均有著录，唐兆民先生还说雍正《广西通志》卷一一六《艺文》有录，今本不见此碑，不知唐先生所据版本来源。

该碑文记载了重新修筑临桂陡河（桂柳运河）的相关事宜。桂林地处要冲，被称为西南都会，临桂则为桂林首县。陡河关乎民田灌溉与国家饷运，却因年代久远而颓圮。经请旨，朝廷特发经费修筑，其工程艰难，所费人力物力远超灵渠。竣工后，河水归流，能因时蓄泄，既利农田灌溉、百姓捕鱼，又于雍正十三年（1735）助力清朝军队赴黔征苗运输粮饷。此河实现军农两便，彰显其在水利、军事、民生等多方面的重要价值，是国家修建的地方关键水利工程。

桂柳运河虽不如灵渠那般广为人知，却以自身非凡的工程技艺和不可磨灭的功绩，在中国古代水利发展史上留下了浓墨重彩

临桂县志 《卷十二》山川志四

故迹此外一無著水具工巨費倍殆有甚焉今鏟
魚陡而外太平黃泥諸陡共建以閘水者二十
船之石鑿去者百四十四處又為開廣河路如石
槽中貫需其出而養其源不渴而自臨入永
之江脈絡始貫矣沿江一帶復修建橋梁十餘座
又自臨桂至雒容驛路歊崎並皆修鑿陸之行川
之濟昜有載德以往而勿知者邪工既竣僉議名
添設陡夫渠目並約歲修費若千此皆維持保
護善後之不可無者然則合二渠而觀之因創並
舉而經費有籲工役有程灌溉有資利濟有賴甫
為吾粤之民與壤接之滇黔衡楚永蒙澤潤也乎
書曰濬畎澮距川頌神禹也詩曰度其隰原觀其
流泉美公劉也粵邊陲廢墜舉洋洋乎二渠之
垂有以見
皇上仁聖之心遠邁神禹而下之股肱大吏克副乎雅
詩之所稱也九年秋鉞自黔調粤今年春又奉
命署藩篆工之落成與有喜焉可無一言以權其實邪
承修二縣渠工則興安知縣玉勒為能勤於其事
也例得並書以固諸金石
金鉽臨桂陡河碑記

临桂县志 《卷十二》山川志四

粵自遷人焙於周官民以浚川距澮不特旱
乾為備以資農也王家軍需運勢挽粟胥是顧焉
桂林禹貢荊州之域襟五嶺控南越山突而水浚
臨山又復披山帶江為西南都會陡河發源於辨
塘山一東流以入灕江一西流以至柳州舊時所
建鏵魚陡是也年代久遠壘石俱蔴圯夫水母不
蓄則江脈不通而民之田畝國之餉運易以取資
焉因具題請
旨
皇上廑念特發帑金共興安靈渠河咸加修築乃親加
審視其間石梁石矶灒洄曲折之勢較靈渠為特
甚故費資人力亦倍之為鑿石為開河為建閘為
修橋驛為置神廟為設陡夫歲時修輯雖不能秉
鋤錛作工者先而一時相形度勢經營區畫目甍
神疲憺怵兢兢恐不能仰體
聖天子盡力溝洫之至意迄今猶未敢以忘也何靈
渠告竣而茲河亦成水既歸流因時蓄洩農民灌
溉之餘又設魚梁令獲汙池之利民咸便之乙卯
歲
王師赴黔征苗糧餉戈甲飛輪轂運起桂林經柳州者

● 《临桂陡河碑记》

的一笔。

桂柳运河，又名相思埭、南陡河，开凿于武则天时期长寿元年（692），坐落于今天的临桂区境内，全长约 15 公里。运河源于今临桂区泮塘村狮子岩，在滚子岭东南筑埭分水，使河水一分为二，东、西分流，从此再难相会，故而得名相思埭。东段经临桂区会仙镇至雁山区汇良丰江，后注入漓江（桂江）；西段经临桂区四塘镇入永福县罗锦镇、苏桥镇，进入大溪河后汇入洛清江，南流注入柳江。

开凿桂柳运河，实乃一项艰难卓绝的工程。其途经之地多为裸露的石灰岩地貌，"其间石梁石砏漾洄曲折之势，较灵渠特甚，故费资人力亦倍之"。面对如此复杂险峻的地形，古代工匠们却展现出了令人惊叹的智慧与坚韧。管理者、设计者、修筑者通力合作，碑文说"为凿石，为开河，为建闸，为修桥驿，为置神庙，为设陡夫，岁时修辑"，在修建、管理、配套设施等方面均有合理安排。在分水工程上，他们于良丰与大湾之间的分水塘筑相思埭，首建节制闸门于北渠入口，"以控北源之水，令其盈缩有时"，精准控制北源入口水量。接着开通清水塘航槽，并在清水塘东西边缘建东、西闸门，"司清水之流，使其向背得宜"，巧妙调控清水塘水源流向。在西闸门处，对原皇河河道进行扩建疏浚，直至江岸与相思江完美衔接；又开辟自后门头横斜至良丰河的莫家低洼湖地区，长达九公里。这般精巧的设计与施工，让桂柳运河得以在重重困难中贯通，实现了连通漓江和柳江的壮举。

在运河的关键设施建设上，陡门的构建堪称一绝。陡用料石拌灰浆砌就，设有陡门、陡闸，"陡者，所以节水利也，启闭以时，可令水位高低随心"。这些陡门和陡闸犹如运河的"调节器"，能根据不同的水位和航运需求，灵活控制和调节水流，确保船只顺利通航，同时也为灌溉提供了便利。凭借这些陡门，枯水期时可蓄水提升水位，使船只能够通行；丰水期时则可泄洪，保障运河安全。除了在航运与水利调节上发挥关键作用，陡门周边还逐渐形成了独特的生活与经济模式。附近的居民依陡门而居，利用陡门带来的稳定水流开展渔业养殖，或者开设店铺，为过往船只提供物资补给和休息场所，形成了热闹的市井景象。

桂柳运河的开挖，极大地改变了区域的交通格局。在其开通前，桂林至柳州的水路运输需由漓江经梧州，溯西江上桂平，北上黔江，又经象州入柳江，航程千余里，路线迂回曲折，耗时费力。而运河开通后，桂林至柳州全航程仅三百余里，"昔之迂途，今为捷径；昔之劳顿，今得便捷"。这一巨大的改变，不仅缩短了两地之间的时空距离，更使得物资运输、人员往来变得高效快捷。船只穿梭于运河之上，或运载着丰富的物产，或搭载着远行的旅人，呈现出一片繁忙的景象。商人们将桂林的丝绸、茶叶等特产运往柳州，又从柳州带回木材、矿产等物资，促进了两地的经济交流与发展。文人墨客也纷纷踏上这条便捷的水路，留下了许多赞美运河风光与人文风情的诗篇。

在漫长的岁月里，桂柳运河并非一帆风顺。初建时，流量不足，仅在汛期方可通航。大批船只常需在相思埭前的分水塘苦苦等候，成为彼时的一大景观。不过，历代对其的整修从未停止。

清朝康熙、雍正、乾隆三位皇帝在位期间均进行了大规模修缮。其中，雍正九年（1731）云贵广西三省总督鄂尔泰的整修工程最为浩大。他从云南途经百色，渡柳江，过永福，抵桂林，一路深感溯江而行的艰险，"激流上下，咫尺悬殊，石梁石埂，比栉触碍"。于是他向朝廷申请巨额专项费用，用于整修运河。此次整修不仅疏浚河道、凿去妨碍行船的礁石，还新建了二十四座陡门。经过这次精心修缮，桂柳运河的通航条件得到极大改善，迎来了它的全盛时期。在全盛期，运河上船只往来如织，每隔一段距离就能看到停靠的商船，码头边装卸货物的工人忙碌不停。沿岸的城镇也因运河的繁荣而发展起来，形成了热闹的集市，酒楼、茶馆、客栈林立，充满了烟火气息。

直至民国时期，桂柳运河仍可通航。但随着陆路交通的飞速发展，加之运河年久失修，河道逐渐淤塞，最终无奈地退出了航运的历史舞台。如今，虽不见当年舟楫往来的繁华盛景，然而桂柳运河所穿越的会仙湿地，却以"漓江之肾"的美誉重归人们的视野。古运河上的十一座石桥，以及众多文化遗址，静静诉说着往昔的辉煌，见证着桂柳运河曾经的重要地位和非凡意义。桂柳运河不仅是古代水利工程的杰出典范，更是连接区域、促进交流的重要纽带，其蕴含的古代水利科技智慧，永远值得后人敬仰与铭记。

（黄月明）

清代边疆的营房
——清乾隆八年《新建桑江工程碑记》

《新建桑江工程碑记》碑文著录于《广西少数民族地区石刻碑文集》（广西人民出版社，1982年，第151页）。原碑在龙胜县旧县府内，高120厘米，宽52厘米。清乾隆八年癸亥（1743）六月立碑，由广西桂林府分防龙胜理苗厅长官杨维青撰文。

该碑首先描述桑江地区的自然和历史，接着一句话提到乾隆五年（1740）设置"协营以资捍卫，设理苗以司教养"之事。

在此建立塘堡、添设汛兵的原因，就是乾隆五年发生的一场战事，史称"城绥义苗乱"。该战事以湖南城步、绥宁，广西义宁三县为中心，波及广西兴安等县。过去我们都称之为"粟贤宇、杨清保、吴金银反清起义"。但据笔者研究，这是一场在各种因素推动下导致各方误判，由一般法律问题演变为"动乱"的悲剧，其中乾隆皇帝和某些官员要负主要责任。

话说乾隆五年二三月间，与广西桂林交界的湖南城步、绥宁九峒红苗因为"挖窖敛钱"（"挖窖敛钱"是雍正年间就已在云贵、广西、湖南很多地方流传的一种迷信活动，即某些为首者说自己

● 《新建桑江工程碑记》（广西壮族自治区博物馆藏品）

有法术，知道某地埋有银子，哄骗一些人去寻挖。去挖者要事先拿钱向有法术者买一道符）之事，与当地巡检发生冲突，并派人联络广西桂林桑江地区的苗人，事态开始扩大。

官府开始曾想小范围弹压，捉拿为首者，结果受到抵抗，偷鸡不成蚀把米，于是湖南方面在五月初派正规军前往镇压。城、绥苗众在首领粟贤宇、杨清保率领下极力抵抗，并进入广西兴安五排地区寻找苗瑶各族盟友。而相邻之广西桂林府义宁县桑江苗地，此前也因为有所谓"汉奸"入峒散布"挖窖敛钱"之事，引起官府与苗人的冲突；恰在这时又有义宁苗人欲往湘省城步"合款"，引起义宁、临桂两县官府警惕。义宁知县倪国正、临桂县丞吴嗣昌等率领堡卒三十人前往招抚，可能官员态度傲慢，被苗众扣押，不久被杀。至此事态升级，广西方面亦调兵七千余人前往镇压。广西苗众在首领吴金银、张老金率领下迎战。后来两省官兵由贵州总督张广泗统一指挥，至九月下旬基本平定了"动乱"，粟贤宇、杨清保、吴金银等人或被俘或死难。但骨干人员石金元潜逃至贵州省黎平府永从县南江寨，又伙同戴老四等人，继续以挖窖为名，在当地搞宗教活动，结果又惹起事端，清廷再次派兵平定。到乾隆六年（1741）六月，石金元等人亦被抓捕，至此事情完全平息。以后这些地方既流传有起事者粟贤宇、吴金银的英雄故事，也流传有镇压者杨刚的英雄故事，这是一个很有意思的现象。

事后，官府把义宁县桑江一带划分出来，设置龙胜理苗厅，这就是后来龙胜县的前身。官府同时在一些关隘或者战略要地设立塘堡，除了今龙胜县城，其中最著名的是今天龙胜梯田集中地龙脊镇（清代叫官衙，1952年改名为和平乡，2014年改名为龙脊镇）；同时在一山之隔、战事中心地之一的湖南城步县横岭则设立长安营，分兵把守。这就是这些地方大量兵营塘堡的来历。

塘堡汛兵作为基层军事力量，在这片土地上肩负重任，而营房则是他们执行任务、休养生息的重要依托。一般来说，大的汛地可能驻扎数十人甚至上百人，小的汛地则仅有数人。据《广西通志》记载，在交通要道、关隘、城镇周边以及少数民族聚居区域，汛兵分布尤为密集。在地方上，汛兵负责维护社会治安。他们打击土匪、盗贼等不法分子，保障百姓的生命财产安全。在少数民族聚居区，汛兵还参与调解民族纠纷，维护地方稳定。

营房对于汛兵而言，是不可或缺的基础设施。它不仅为汛兵提供了居住和休息的场所，同时也是储存武器装备、物资的仓库，确保军事行动的顺利开展；此外，营房还具有防御功能，在遭遇紧急情况时，可作为临时防御据点，增强汛兵的防御能力。营房建造选址多在地势险要、易守难攻之处，如山顶、关隘附近等，以便于观察周边情况和抵御外敌。一般包括兵舍、仓库、操场、烽堠（瞭望塔）等建筑。正如本碑文所说"建城筑堡，伐木开山……凡建成堡六、卫署营房一千三百有奇，烽堠、汛防四十有五"。

营房塘堡的建筑材料和工艺，碑文没有记载，但是不外乎是砖石木材。桂林山区木材资源丰富，部分营房会使用木材作为辅助材料，如搭建木梁、木柱等，增加房屋的稳定性。这些营房建成后需要经常维修，又成为这些地区老百姓的义务工役，差役承担不公的问题也引发了一些矛盾。

汛兵的日常消费也刺激了当地商业的繁荣，如粮食、日用品等物资的交易。本碑文也提到，龙胜厅衙门建成后，工商军民聚集，又修建庙宇、建造市场、兴建学校，管理各种事务，"俨然建陵一都会矣"，这应该就是后来龙胜县城的雏形。一山之隔的城步长安营也同样成为繁荣之地。这些在崇山峻岭之中开辟的城镇，今天成为风景如画、各民族互嵌、和谐稳定的旅游胜地和宜居小城。

（胡小安）

小水坝藏大智慧
——清乾隆五十六年《重修横山大堰碑记》

《重修横山大堰碑记》碑在今临桂区四塘镇横山村，碑高150厘米，宽70厘米，楷书，字径5厘米，共17行，577字。嘉庆《临桂县志》有著录，拓片收录在《中国西南地区历代石刻汇编》第8册《广西省博物馆卷》。

水利是农业最重要的设施之一，在桂林山区，也是史书上所说的溪峒地区，由于较少有大江大河，农业灌溉一般靠小溪流、堰坝或者挖塘蓄水来解决。清乾隆五十六年（1791）《重修横山大堰碑记》由署理河南按察使司按察使分巡南汝光道兼管水利事务的临桂横山村人陈钟琛撰写，碑文虽篇幅不长，却蕴含着丰富的历史信息与深刻的文化内涵，不仅记录了横山大堰的重修过程，更折射出陈宏谋的影响以及当时人们对水利事业的重视。

在广西临桂区四塘镇横山村的西南隅，横山大堰静卧于山水之间，宛如一位缄默却坚毅的历史守望者。它虽只是一处看似不起眼的水利设施，却承载着厚重如渊的往昔岁月，蕴含着古人超乎寻常的卓绝智慧与勇毅担当，在时光的长河中，默默诉说着属于这片土地的故事。

陈宏谋，这位从横山村走出的杰出人物，凭借科举入仕，曾在多个省份留下了卓越的政绩。出身农户家庭的他，深知水利对民生的重要性。在水利治理方面，他成就斐然。有资料统计，陈宏谋在任地方官的34年中，大至黄河、洞庭湖、海河、运河，小至乡县小河、湖塘，都曾留下了他"疏河筑堤，修圩建闸"的忙碌身影，可谓"劳心焦思，不遑夙夜"。

据收录于清代嘉庆《临桂县志》的陈宏谋所撰《横山大堰记》记载，横山大堰历史悠久，其作用是拦截陂角以下的水流，用以灌溉。池头、油塘尾、陂角以及横山这四个村庄的田地，都依赖着它。然而大堰容易被水冲垮，由于修缮不当，虽每年都召集众人用土修筑堵塞，耗费了大量人力，最终却仍无法有效蓄水，石堰倾圮数十年无法修复。这使得种植的收益逐渐减少，行人往来也极为不便，村里的人都为此深感苦恼。

乾隆二十六年（1761），陈宏谋的父母在临终前，特意嘱托他和他的兄弟要修缮大堰，以方便乡里。陈宏谋铭记父母的遗愿，独自承担了修缮大堰的工料费用，周边受益的农户们深受感动，也纷纷踊跃出力。

陈宏谋倡导众人对大堰进行修缮，从一开始的规划设计，便展现出古人对水利工程实用性和综合性的精妙考量。此次修缮在旧址的基础上进行了扩建完善，将原来的土制结构换成了石制结构。大堰在修建时，"甃以石而梁其上"，用石头砌成拱形并在上面架起桥梁，方便了行人往来；"遇天雨积绌，则村众异土塞其

《重修横山大堰碑记》

下，蓄水以灌田亩"，遇到雨水较多时，村民们就抬土堵塞堰下，蓄积水源以灌溉农田，满足了农田灌溉的需求。在大家的齐心协力下，大堰顺利修缮完成。自那以后，"旱有所备而岁获屡丰"，不仅彰显了陈宏谋的慷慨与担当，更体现出众人对水利科技的掌握与积极实践。

然而，岁月无情，三十年的风雨侵蚀让大堰逐渐不堪重负。"石渐磨蚀，基亦欹斜，岌岌乎"，重修大堰已是刻不容缓。此时，在浙江任职的陈钟琛，从儿子陈策回里应试后寄来的信中得知了大堰的危急状况。陈钟琛不禁回忆起陈宏谋花甲之年的教诲，陈宏谋认为祝寿时候大摆筵席、演戏庆贺，白白耗费钱财物资，与修养品德、祈求丰年的意义一点都不相符，不如将这些费用用于有意义的义举，于是家乡的道路桥梁等工程得以修缮。深受陈宏谋思想影响的陈钟琛，毅然决定挑起重修大堰的重担。

陈钟琛在重修大堰的过程中，尽显对村民的关怀与对工程的严谨态度。他担心让村人承担运输等工作会耽误他们的生计，便在回信中嘱咐两个弟弟选择匠人，所有的施工和运料费用都由自己捐资承担。在工程设计上，他既保留了大堰原有的基础和规模，"厥基无改于前，高广悉仍其旧"，又根据实际情况进行了合理改进，"第商于村众，歧涵洞而二之，以分水势"，科学地解决了水势问题。在用料方面，他精打细算，"所用石资于旧者十之四，取之新者十之六"，在保证工程质量的同时，最大限度地合理利用了旧有资源，降低了成本。

乾隆五十六年春天，重修大堰的工程正式启动，经过一个季节的努力，夏天便顺利竣工，总花费一百九十余缗。完工后的大堰"崇如坦如，蓄水有备"，再次为当地的农田灌溉提供了坚实的保障，"庶不虚力田者之挹注，以植彼嘉禾矣乎"，成为百姓丰收的希望所在。

从陈宏谋到陈钟琛，陈氏家族对水利事业的执着坚守，不仅是对家族责任的担当，更是对水利技术的传承与创新。横山大堰这座小小的水坝记录着岁月的变迁，见证着陈氏家族的奉献，更展现了水利科技在保障农业生产、促进社会稳定和发展中的重要作用。

陈宏谋是清代民间影响很大的一位清官、名臣，在陕西、云南、江苏、河南、江西、天津、湖南等地为官，政声卓著。他还是学识渊博、编著甚丰的学者，著述十余种，其中《培远堂文集》融合经学、史学、政论、诗文，蔚为大观，《五种遗规》则是清代社会教育和蒙童教育教材、清末中学堂修身科教材。他对家乡感情也很深，在各地和中央做官，一直和家乡亲朋有通信，后来这些信被集结成《陈宏谋家书》出版。雍正年间（1723—1735）广西巡抚金鉷不顾百姓反对，强行多报垦荒田亩数的时候，陈宏谋时任云南布政使，不怕前程受损，不屈不挠地反对金氏的做法，最后乾隆帝即位后将金鉷调离广西。2001年，美国著名历史学家、美国约翰斯·霍普金斯大学历史系教授罗威廉先生出版了他集十余年研究之心血的巨著《救世：陈宏谋与十八世纪中国的精英意识》，他认为：陈宏谋关于人和社会认识的基本点，与启蒙时期的许多欧洲学者十分相似。

陈宏谋是清代广西走出的权威最大的官员，亲民爱民，政绩不凡，得到雍正帝、乾隆帝的器重。陈氏一门三进士，陈宏谋曾孙陈继昌"三元及第"。陈氏家庭文化底蕴深厚，科第辉煌，让民间一直对陈宏谋津津乐道，在桂林乃至瑶族地区都流传着他众多的传奇故事。其中最有名的是，他机智地劝阻乾隆皇帝要求广西进贡珍品，而以桂林豆腐乳进贡，乾隆帝品尝后觉得味道很好，龙颜大悦，挥笔写下"广西名菜"四字，一时间桂林豆腐乳声名远播，从此成为朝廷贡品。他的事迹和故事，后来被编为大型桂剧《大儒还乡》，在各地巡演，反响很好。

（黄月明　胡小安）

名胜景区巧匠修
——清道光十三年《增修独秀山景工记》

《增修独秀山景工记》石刻立于桂林独秀峰的小憩亭内，清道光十三年（1833）秋立，宽60厘米，高117厘米。撰文者为广西巡抚、山西高平人祁𡊨。

该石刻为独秀峰的修缮情况提供了确切的历史依据。通过对独秀峰修缮前后的对比，石刻展现了在巧匠努力下，独秀峰从破败到焕然一新的过程。这既体现了巧匠们高超的技艺和对建筑的精心修复与增建，也突出了修缮后独秀峰作为桂林重要景观的壮观与实用。

在桂林城的心脏，独秀峰拔地而起，以"南天一柱"之姿傲立，被称为"桂林第一峰"。独秀峰海拔216米，高出平地66米，北距叠彩山1000米，东距伏波山500米，远近诸山环绕，如群臣朝拜，形成"孤峰不与众山俦"之王者气象，有"群山之首，众山之王"的美誉。

回溯至南朝刘宋时期，文学巨匠颜延之赴任始安郡（今桂林）太守。当他初次望见这座孤峰时，便被其卓然不群的风姿所深深

《增修独秀山景工记》（广西壮族自治区博物馆藏品）

　　吸引，灵感如泉涌，挥笔写下"未若独秀者，峨峨郭邑间"的传世佳句，"独秀峰"之名由此载入史册。任职期间，颜延之常于独秀峰东麓那冬暖夏凉、采光通风俱佳的天然岩洞——读书岩中，潜心研读经典，挥毫泼墨，创作诗篇。洞内的天然石床、石凳，默默见证着这位文学大家的苦读时光，也为独秀峰增添了浓厚的文化气息。

　　时光悠悠流转，独秀峰以其独特的魅力，吸引了无数文人墨客、达官显贵慕名而来。他们或沉醉于峰峦的壮美景色，或因政治文化活动在此驻足停留，纷纷留下墨宝，令工匠将其刻于峰上。历经漫长岁月的洗礼，200多块摩崖石刻如繁星般点缀在独秀峰上，成为这座山峰最珍贵的文化遗产。

　　墨宝中，最脍炙人口的当属千古名句"桂林山水甲天下"。

嘉泰元年（1201），王正功以桂林地方官的身份，宴请刚中举的11位学子，在鹿鸣宴上写下了《鹿鸣宴劝驾诗》，名句"桂林山水甲天下，玉碧罗青意可参"便出于其中。此句刻于独秀峰的摩崖之上，成为桂林山水最响亮的名片，让桂林的美名传遍大江南北，令无数人心驰神往。每当人们仰望这石刻，仿佛能感受到当年文人挥毫泼墨时的豪情与对桂林山水的由衷赞叹。

明太祖朱元璋侄孙朱守谦建靖江王府于峰下，王府历时二十余载建成，比北京故宫还早，至今630多年。这里走出11代14位靖江王，是桂林风水宝地之一。清代时，此处为广西贡院，状元辈出；民国时，孙中山在此驻留，筹划北伐；后为广西省政府所在地。独秀峰见证了诸多历史时刻。

然而，岁月的车轮无情地碾压，风雨的侵蚀如同一把利刃，让独秀峰和靖江王府饱经沧桑，逐渐显露出破败之态。正如《增修独秀山景工记》碑文中所记："近以岁久失修，磴啮垣圯，将登者望而瑟缩，其祠宇则瓴桷腐落，四壁倾颓，神佛像仅以竹席蔽风雨。"

道光癸巳年（1833），在重修贡院之后，人们认为独秀峰与贡院的文运相关，也有修缮的必要，一场大规模的修缮工程就此拉开帷幕。一群技艺精湛、心怀热忱的巧匠们汇聚在一起，勘察、磨石、施工，按照"完啮筑圯"的要求，精心更换被啮啮的石阶，重砌坍塌的垣墙，让曾经让人望而却步的石径重现平整与安全。木匠们面对"瓴桷腐落"的困境，精挑细选优质木材，遵循古法工艺进行更换，精心雕琢梁枋斗拱，重塑神佛像，让祠庙重归庄严华美。泥瓦匠们调配合适的泥浆,"墼其倾颓",填补缝隙,装饰墙面,让古老的建筑重焕生机。除了修复原有建筑,工匠们还增建了寿佛殿、魁星阁、山神祠、土地祠等,在魁星阁的旁边树立了象征文运昌盛的"文笔峰",与贡院相对。工匠们还建造了供人雅集的厅堂,以及望月亭、大观亭等亭子,在山的半腰处建了小憩亭。这些建筑与自然景观完美融合、相得益彰。寿佛殿庄严肃穆,魁星阁古朴典雅,雅集之厅宽敞明亮,望月、大观诸亭则为游客提供了绝佳的观景场所。山半的小憩亭,更是为攀登的人们提供了一个休息的好去处。

经过三个月的日夜奋战,在巧匠们的齐心协力下,独秀峰和靖江王府终于重焕生机。曾经破败萧条的景象一去不复返,取而代之的是明丽壮观、焕然一新的景象,三百零六级石阶再次成为通往山巅的希望之路。正如碑中所载:"去险峨,增明丽,可登可息,可盘桓,游屐往来无虚晷。"独秀峰恢复了往日的雄伟壮观,更增添了几分明丽与雅致,吸引着无数游客前来攀登游览,感受它的魅力。清人范学义在《登独秀峰》中写道:"一柱镇南天,登临四望悬。风云生足下,星斗列胸前。拔地山千仞,环城水一川。凭高发长啸,声彻万家烟。"这首诗生动地描绘出独秀峰的雄伟壮观和登临者的豪迈心境。

如今,独秀峰依旧屹立,不仅是大自然的杰作,更是桂林历史文化的鲜活象征与无声见证者。太平岩、读书岩、摩崖石刻、靖江王府等景观,承载着深厚的历史文化内涵,如璀璨明珠般闪耀。

遥想当年，众多文人墨客、能工巧匠汇聚于此。文人挥毫泼墨，将对独秀峰的赞美与情感倾注纸上，留下名句"桂林山水甲天下"，让桂林的美名传遍大江南北；刻画的工匠，用精湛的技艺，将文字或图案完美地镌刻在石壁之上，让历史得以铭记；面对岁月侵蚀下破败的石径、垣墙、祠庙，修缮古迹的工匠们精心勘察、巧妙修复，让独秀峰重归昔日的庄严与华美。他们皆是巧匠，以智慧和才情为笔，以岁月为墨，共同绘就了独秀峰的辉煌，使独秀峰绽放光芒，成为桂林人民的骄傲、中华民族历史文化宝库中一颗耀眼的明珠。

（黄月明）

镇南边关立炮台
——清光绪十六年《屯甲山炮台记》

《屯甲山炮台记》摩崖位于凭祥市友谊镇隘口村大青山（又叫屯甲山）山顶大青山炮台，清光绪十六年（1890）刻，长110厘米，宽68厘米。赐进士出身、钦加员外郎衔、户部主事加四级、随带加三级傅超衡撰文。

石刻记载了清光绪年间中法战争期间在镇南关（今友谊关）一带修筑炮台之事。开篇即说："光绪乙酉，法夷窥我边境，直薄关前隘，亦欲控据高山。我军奋勇先登，以枪炮纵横轰击，法众披靡败北。"光绪乙酉年是1885年，正是我们熟知的中法战争最紧张的时候。冯子材率军取得的"镇南关大捷"就是这个时候。石刻描述的关前隘，相距镇南关（今友谊关）不远，这一仗就是同一场战役的一个组成部分。

战争过后，广西提督苏元春，统领边防各军记名提督、广西柳庆镇总兵马盛治，参军事关钟衡都认识到在边关高地修筑炮台、设立新式火炮的重要性。屯甲山（当时称为树山，现称大青山）炮台就是在这个时代背景下修建的。石刻说，屯甲山"东俯

《屯甲山炮台记》

明江、宁明馗纛等处,南瞰越南之文渊州、谅山省,西望平而关,北抵凭祥土州,直接连城",地势险要,居高临下,是修建炮台的理想之地。

石刻详细记载了炮台修筑的具体过程,让我们看到在当时条件下的技术、组织和精神,以及对新式火炮的固定而又灵活使用的重要性,非常有价值。首先,在山顶开辟平地。去过凭祥、龙州以及桂西一带的人都知道,这里的山多是灌木丛生的石山,悬崖峭壁又多,在山顶开辟足够大的平地以及上山的道路是非常艰难的。其次是修建炮台。炮台要足够大,可以容纳驻军的生活物资以及枪炮弹药等,尤其需要坚固,所以"垒砖石为台",炮台里面要建成楼房状,可供军士休息和饮食,其外形则"外圆其顶,厚数尺,以避炮"。为什么要将炮台顶修成圆形?因为圆形可以使得室内面积最大化,容纳较多人员,而且圆拱形也浑然一体,更加坚固,视野更加开阔。

最有讲究的是开门和安装炮位。该炮台建筑物在"西、南、北开三门",东边则因山势问题,不好开门,也为了便于炮击,所以留空不做门,这样假如敌人来自东南、东北,两炮均可环击。三个门内"各空半壁为龛,藏子药,外开暗道,以转动炮位",门边还特意留石墙作屏障,设计非常科学精巧。作者最后感慨道,人们只知道炮台坚固耐久,而不知这些都是将士们无数的精力和心血聚积而成啊!整体而言,炮台采用了传统石砌工艺,结合西式炮台设计(如仿西式炮台的安平、基隆炮台),部分炮台引入外购机轮大炮,体现晚清"中西结合"的军事工程特点。炮台顶部配置12厘米口径大炮，射程覆盖数公里，可俯瞰关内外。

在清末全面的边疆危机背景下，广西边防的建设与巩固至关重要，苏元春与马盛治是其中最重要的贡献者。

苏元春，字子熙，1844年出生于广西永安（今广西蒙山县）。其父苏保德曾任永安州团总，被太平军杀害，苏元春12岁时便投奔兄长苏元璋加入天地会。1863年，苏氏兄弟率部投入湘军席宝田部，苏元春被任命为百夫长。此后他屡立战功，1871年获记名提督，1878年奉调回湖南永州驻防。

中法战争爆发，成为苏元春人生的重要转折点。1884年，清军在越南北圻陆路战场一败再败，苏元春统带防军开赴广西，出关援越抗法，并被任命为广西提督，统领桂军。在战争中，他参与了多场战斗，如在尼村抗击法军、在纸作社伏击法军等。1885年，法军进占谅山，潘鼎新不战自溃，苏元春率军退回凭祥。镇南关危急时刻，苏元春协助冯子材指挥战斗，在关前隘构筑长墙，分兵三路扼守。当法军进犯时，清军与法军短兵相接，血战两昼夜，取得镇南关大捷，苏元春因功晋封三等轻车都尉及额尔德额巴图鲁称号，后加衔两级，并获赏太子少保、二等轻车都尉。

马盛治，字仲平，1844年出生于广西永安一个农民家庭，靠叔父抚养长大。少年时因酒醉失言触犯知府，投奔苏元春当兵。同治初年，他因镇压贵州苗民起义"屡建战功"，升游击，补用贵州副将。

1884年，马盛治参加中法战争，奉命率师随潘鼎新、苏元春出关赴越南前线。当时越南宣光、太原、牧马一带溃勇闹哗变，他受命前往收编，将散勇编为熙字六营，自己统领，驻太原、牧马守交通要道。在冯子材、苏元春指挥下取得胜利后，他因抗法有功获赏黄马褂，记名总兵，1886年实为两广补用副将及广西柳庆总兵，仍为广西边防各军统领，辅佐苏元春建设边防，修筑炮台营垒，苏元春出省时，代任提督。

中法战争结束后，苏元春以广西提督兼任广西边防督办，与马盛治等人一起，开启了长达18年的边防建设历程。他将广西提督府从柳州移至边关龙州，修筑龙州城，并在龙州建小连城，在凭祥建大连城作为军事指挥中心；修复被法军轰毁的镇南关，修建水口、平而两关，在千里边境线上修建165座炮台和碉台、109处关隘、66个关卡，构成"南疆小长城"般的军事防御体系。2006年，连城要塞遗址和友谊关被定为全国重点文物保护单位。为方便构筑炮台、运送大炮，苏元春于光绪十一年（1885）首先动工修筑由凭祥镇南关通往龙州的公路——龙南军路。据说，这条全长55公里的军路是中国第一条宽可通车的公路，有"中国第一路"美称。在离屯甲山不远的友谊关的金鸡山，也在同一时期由苏元春、马盛治主持修建了镇南炮台，留有石刻《镇南台记》，这是当时建设"南疆小长城"般的军事防御体系的一个部分，至今可以供人参观。

镇南关一带炮台的建造不仅有力防范了法军反扑，还在后续历史中还发挥着重要作用。1907年孙中山领导镇南关起义，依托金鸡山炮台，义军坚守7天7夜，打退了几千名清兵的多次进攻。炮台在镇南关起义中发挥了重要的作用。

屯甲山炮台是晚清军事近代化的缩影，既承袭传统筑城技术，又吸收西方火炮设计，反映了"师夷长技以制夷"的实践，成为近代反侵略战争的重要见证，同时也体现了近代仁人志士为巩固边防，防御外虏，维护国家统一和领土完整的家国情怀。

（胡小安　黄胜恩）

克虏伯坐望仙坡
——民国七年《新建镇宁炮台记》

《新建镇宁炮台记》是陆荣廷于民国七年（1918）所立，内容记载了其修筑镇宁炮台的起因、经过等。此碑现存于南宁市人民公园镇宁炮台南门入口处的右侧墙壁上，青石质方碑，高124厘米，宽70厘米。碑文楷书阴刻，右首有题名作"新建镇宁炮台记"七字。碑刻由当时的旧桂系军阀头目、耀武上将军陆荣廷所撰，廖道传书，其内容反映了民国初期南宁城防建设的历史片段，对于研究南宁城防建设、城建历史和军事史具有重要意义。

1911年辛亥革命爆发后，时任广西提督的陆荣廷在陈炳焜等人的拥立下，于1912年2月8日正式就任广西都督。陆荣廷（1859—1928），原名陆亚宋，字干卿，武鸣县（今南宁市武鸣区）宁武镇垒雄村人。早年出身绿林，1893年受苏元春招抚，任管带。1911年擢升广西提督。由于陆荣廷的家乡在武鸣，其军事势力也大多集中在南宁以南地区，为了控制当时广西的局势，摆脱旧政治势力的牵制，陆荣廷在就任广西都督后，毅然于1912年10月将广西军政府从桂林迁到了南宁，最终让南宁一跃成为了广西的

《新建镇宁炮台记》

省会城市。南宁成为广西省会后,陆荣廷便开始着力经营。民国六年(1917)九月,为拱卫南宁城,建立起城市防御,陆荣廷乃思"应时势之机宜,衡战守之方略,营筑炮垒,实为雄图",便命令廖正元在海拔112.2米、当时南宁城的制高点——望仙坡上修筑了一座炮台。这座炮台的修建历时将近一年,至民国七年七月方竣工。陆荣廷将之命名为"镇宁",取"永镇南宁"的寓意。

镇宁炮台是一座堡垒式的军事工事,平面呈圆形,坐北向南,总占地面积1020平方米,分别由内圆和外环两个同心圆工事构筑而成。内圆为炮台基座,由红砂岩砌筑,高5米,直径13.6米,中间炮位直径5.6米,周长17.5米。炮位上安放有一门德国"克虏伯"(Krupp)工厂于1890年制造的固定型线膛加农炮,为122毫米线膛炮,炮高3.1米,全长5.5米,炮筒尾部还阴刻有"NO.130FRIED1890"数字编号。整座铁炮由炮筒、炮座、铁轮及铁轨组成,炮身借助铁轨自由转动,可向东、南、西三个方向射击,射程可达1.2万米。这个铁炮原本是架设在凭祥市平而关南侧平公岭炮台上,当时为了修建镇宁炮台才被专门拆运至南宁。炮台外环工事是钢混和砖木结构的驻兵营房兼掩体,其外侧的围墙由红砂岩垒筑,周长115米,高3.3米,上有70个用于防御的射击孔。外环工事总共设有房间20间,可作为屯兵、储藏粮食和弹药之用。内圆炮台与外环工事的天面屋顶间修筑有四条横桥连通,便于驻军从外环营房中快速通过横桥到达炮位进行防御。在炮台的南、北两个方位,分别开设有一个小圆拱门,可供人员出入,其中南门门楣上还镌有"镇宁炮台"四字石匾额。门口两侧营室内还设有上下炮台的楼梯。炮台内,挖有两口水井,是驻守官兵们最主要的饮用水来源。

镇宁炮台战略位置极其重要,其安装的克虏伯大炮的火力范围更是广及周边半径12公里区域,足可"攻坚捣虚、建威销萌",在拱卫南宁城过程中曾起到重要的作用。1924年,云南军阀唐继尧乘广西内战之际，分兵入桂，次年2月即占南宁，第一次滇桂战争爆发。滇军占领南宁后，即在镇宁炮台等处设重兵把守，粤桂联军曾多次发动攻城，其中粤军攻东门、北门及镇宁炮台，桂军攻南门及水闸门，但最后均告失败。这期间，镇宁炮台便因战略位置重要而成为了双方反复争夺的焦点，粤军占领炮台后，还一度将指挥中心设在此处。到了1930年夏，在第二次滇桂战争中，滇军四个师约1.9万人东犯广西，占领百色，直逼南宁，南宁守军便以镇宁炮台为独立的据点，在炮台周围设置鹿砦、铁丝网、铁钉等障碍，并储备了3个月的柴米，据此固守，与城内互为犄角，双方协防之下，数次击退了滇军的进攻，最终力保南宁城不失。1939年抗战期间，为抗击日军、保卫南宁，桂系第一三五师师长作为邕江北岸守备司令，也曾以镇宁炮台为指挥所，展开防卫。

镇宁炮台所在的望仙坡，与晋人罗秀炼丹修成仙的罗秀山相对而望，传说曾有人在此望见仙人飞升，故而得名。这里是南宁城内天然地形的制高点，几乎可以俯瞰整个南宁城。北宋时期，狄青平定侬智高起义，驻军邕州时，就曾在此驻兵垒营，后邕州知州陶弼为纪念狄青等人的功绩，便依其地修建了"三公亭"，专门祀奉狄青、孙沔、余靖三将。到了明代，因苏忠勇祠塌圮，后人又将祠内供奉的苏缄、王阳明移入三公祠中共同奉祀，三公亭也更名为"五公祠"。清康熙十八年（1679），在平定三藩之乱中，镇南将军莽吉图（也作莽依图）解吴世琮围困南宁之危，救全城百姓于危难，合城郡民感怀其德，也将之供奉入五公祠，"五公祠"就成了"六公祠"。历史上，南宁城的文人雅士最喜到望仙坡踏青、登高，追思先贤，怀念旧事，于是有了邕州八景之一的"望仙怀古"。由于望仙坡在南宁城内地势最高，足可俯瞰全城，实是"炮台形胜无逾此者"，因此陆荣廷便将镇宁炮台选址放在了望仙坡的六公祠处。最终，六公祠被完全拆除，原址上另建了镇宁炮台。中华人民共和国成立后，南宁市人民政府曾对镇宁炮台进行维修，并于1952年对外开放；1978年，又在铁炮周围新建了水泥环廊；1981年复将南宁市收集来的古代铜钟、石碑等文物安置在炮台下，为古炮台增辉不少，最终发展成了现今模样。1982年，镇宁炮台被公布为南宁市重点文物保护单位，2009年又被公布为广西壮族自治区文物保护单位。2015年，为纪念中国抗日战争胜利暨世界反法西斯战争胜利70周年，外环营房被辟为南宁市近现代国防历史文化陈列馆，现已成为了南宁市重要的爱国主义教育基地。

值得一提的是，镇宁炮台上的克虏伯加农炮在安装时，其运转轨道并非是360度全轨道，而是仅安装了大半环圈的轨道，这导致其炮口仅可向东、南、西三个方向射击，而不能向北面射击。这样的设计，据说是因为陆荣廷的老家武鸣正好是位于南宁城的北面，而武鸣实际上才是陆荣廷真正的"大本营"所在。陆荣廷在自己的家乡武鸣宁武镇另外修筑了宁武庄园，作为其真正的军政指挥中心，旧桂系的军政要员多曾在此居住和办公，陆荣廷系兵力也曾在武鸣周边驻守、训练和布防，南宁城与宁武庄园之间还修通了专门可通马车、汽车的邕武公路，便于交通联络。很可能正是考虑到武鸣作为南宁城的后方，且设有重兵，足可与镇宁炮台互相呼应，所以最终镇宁炮台上的克虏伯加农炮被设计成了只可向东、南、西三个方向射击。

此外，《新建镇宁炮台记》虽是由陆荣廷所作，但却是由廖道传书写，最后才镌刻完成的。廖道传（1877—1931），字叔度，又字梅峰、梅诧，号三香山人，广东梅县城东镇人。1896年考取秀才，1902年，以优异的成绩考入京师大学堂（北京大学前身），其间赴河南应顺天乡试，中癸卯科举人。历任广西优级师范学堂监督（校长）、广东高等师范学校校长。著有《金碧集》《京师集》《三香片羽集》《梅峰时文》《三香山馆诗集》等。廖道传一生致力于教育事业，两次赴日考察教育，成绩卓著，民国政府曾授予其四等嘉禾勋章。

（黎文宗）

科技昌明水自来
——民国二十二年《创建梧州自来水厂工程始末记》

《创建梧州自来水厂工程始末记》碑现存放于梧州中山纪念堂前，与《梧州市中山纪念堂建筑始末记》为一碑两事记。碑为云石板，高1.58米，宽0.75米。全碑由2块云石板组成，碑文为阴刻直书，碑一面为《梧州市中山纪念堂建筑始末记》，楷书碑文。另一面为《创建梧州自来水厂工程始末记》，隶书碑文。由梧州商埠工务局局长兼筹办自来水委员会主席古辣人蔡灏撰文，梧州商埠公安局局长兼筹办自来水委员会委员梅县人林铭彝书写，1933年刻石。

梧州北山自来水厂位于万秀区百花路北山里18号，坐落在风景秀丽的北山半山腰，后靠白云山，左边是北山公园，右边是清幽的西竺园，占地面积12000平方米，所有建筑由德国西门子公司设计，至今仍保留原来的西洋建筑风格。梧州北山自来水厂于1926年5月动工建设，全部工艺及设备由德国西门子公司设计并引进。其水源取自桂江，制水工艺采用回旋式反应池、平流式沉淀池与斜管式沉淀池相结合、虹吸式滤池工艺，河水经上述工艺净化后再经消毒汇集于清水池，采用自流式供入市政管网。

该厂设计完全符合现代化自来水厂的标准,有利于用水卫生。所以碑文开篇就说"梧州人口之殷繁为全省冠,基于消防及卫生之需要",筹建自来水厂。1933年,净水构筑物工程完工。同年9月,在梧州中山纪念堂召开典礼大会。11月,成立梧州自来水厂,日供水能力1.5万立方米,成为广西最早的自来水企业。

到2013年止,梧州北山自来水厂经过多次技术改造,现日供水能力达到6万立方米,虹吸滤池也改为更加先进高效的气水反冲洗滤池。目前,该水厂能够满足河东、扶典片区生产、生活用水需要。梧州北山自来水厂按国家园林城市标准建设,厂内绿化面积1058平方米,种植有多种果树以及绿化乔木,尤其是厂内一棵多年生的金桂已成为梧州市重点保护植株。全厂绿化规划科学、布局合理,整个水厂成为美丽怡人的"园林式工厂"。

据《苍梧县志》记载,早在民国八年(1919)曾有富商姜某请愿在三台山创办自来水厂,未果。民国十六年(1927)梧州成立电力厂后,政府又开始筹办梧州自来水厂。碑文记载:"民国十七年(1928)秋,市长蒙君民伟、工务局局长凌君鸿勋、财政局长梁君庆修,乃规定自来水全部计划,签立西门子洋行购机合约,先付第一期机款五万余元,开辟水塔基址。"可知,修建梧州自来水厂由时任市长蒙民伟亲自部署规划,足见当时政府的重视程度。而所采用的设备为著名的德国西门子公司所产,质量上乘。随后梧州进入军阀混战时期,导致银行停业倒闭,建造经费无法保障,梧州市政府遂设置筹办自来水委员会,通过发行市公债、电费抵纳券、有奖地券等方式进行筹资。在民国二十年至二十二年间(1931—1933),先后修建了水塔、水池,安装街喉、

《创建梧州自来水厂工程始末记》

总出入水喉，并修建沉淀池等，至民国二十二年完成，历时8年。自来水厂共有水塔、沉淀池、清水池、滤水池等大小建筑10多处，总耗资80余万。

水塔建于虎榜桥，高28米，内置150匹马力离心直立抽水机2台，塔旁还配备有变压机以备电压降低时之用。厂内有宿舍、货仓及办公室各1间；有沉淀池1座，池底设计呈漏斗形，池底安装铁管以消纳池底的污泥，池旁边设有明矾室，内安装明矾机器，使用机器散撒明矾，以保证水质；有滤水池6座，滤水池下铺设碎石和粗沙，起过滤作用；有冲水池1座，用于冲洗滤水池，用七匹半马力的抽水机将水抽入池中形成高水压，用以冲刷滤水池内的污水泥沙等杂质；有清水池2座，池前有水掣房，内设氯气机、量水器、水电变换器、电动指针、电动记录表等。

净化楼为钢筋混凝土框架结构，共二层，南北长25.13米，东西长8.94米，高9.85米，建筑面积352.13平方米，建筑呈"凸"字形。净化楼外立面采用罗马柱装饰，屋面为四面排水的钢筋混凝土坡屋面，东立面采用直线条罗马柱装饰。

净化楼背面南北两侧为6个净化池，每个净化池南北长8.9米、东西长4.6米。中间为木结构长廊，东西长15.45米、南北长6.75米、高度约6.1米。清水池为钢筋混凝土框架结构，地面一层地下一层，南北长8.1米、东西长9.2米，高度4.11米，总建筑面积149.04平方米，建筑平面呈矩形。大门牌坊为四柱三间石牌坊，总长9.85米，横额自右向左书写"广西自来水厂"6字。

1935年5月，梧州自来水厂改组为广西自来水厂，由省政府直接管辖，统辖广西自来水事业。1936年6月，南宁自来水厂归属广西自来水厂，成为其分厂；1939年1月桂林自来水分厂建成；1941年1月柳州自来水分厂建成。其间还筹备百色、玉林、龙州等地自来水厂，为广西供水事业发展做出巨大贡献，成为广西自来水事业发祥地。1942年7月，广西自来水厂与广西电力厂合并，改组为广西自来水电力特种股份有限公司，总部设在桂林，下设梧州水电办事处，管辖梧州自来水厂和梧州电力厂。1944年9月，日军入侵梧州，水厂员工为保护水厂设备，抢拆供水设备，并将设备撤至苍梧县长发、狮寨等地。1945年9月，梧州光复后，设备运回水厂。1948年12月，梧州水电办事处改组为梧州水电厂。1949年，梧州解放前夕，在中国共产党梧州地下组织领导下，水厂员工开展护厂斗争，保护水厂。12月，梧州军事管制委员会接管梧州水电厂，组织员工抢修设备，恢复供水。

《创建梧州自来水厂工程始末记》详细记载了梧州北山自来水厂创建始末，具体内容包括了筹建的组织人员构成、经费来源、设备使用、建筑结构等，为研究梧州北山自来水厂的发展、梧州近代西洋建筑提供了珍贵的实物史料。特别是碑文所提及"试机抽水，源清流畅，消防藉以无忧"，体现出梧州北山自来水厂设计者将市政消防用水纳入建设项目中，足见设计者的远见卓识。因此，该碑记是一部近代以来梧州浓缩的市政技术变革史、一部城市规模发展和市民生活变迁史，也是引进和改进国外先进技术的历史，值得被保护和开发。

（李金霞）

至和閒劉君錫以軍竄嶺南
至雄州遇劉仲遠先生口授
此方神驗劉仲遠巳百餘歳君
錫服此藥是時巳聞關嶺未數年竟
記方此服此之聞閣嶺襄陽壽至
記曰嘗苦之聞之後還襄陽
右百草不得之仲遠曰凌晨
盟梯記未得識餚食旦旦
此渴河保一門無事旦旦如服

城池与建筑

岭南古宅属六合
——唐永淳元年《六合坚固大宅颂》

《六合坚固大宅颂》在光绪《上林县志》、民国《上林县志》、《广西少数民族地区石刻碑文集》等书均有著录，原碑镌刻于南宁市上林县澄泰乡洋渡村麒麟山下圣书庙内一块天然石灰岩山石上。石刻高0.95米，宽0.64米。碑文楷书阴刻，共17列382字，字径1.2至4.5厘米不等，每列字数不等，多者达28字，少者仅有1字。唐永淳元年（682）镌刻。

碑文用汉字并采用古诗文形式书写，分序、颂、诗三部分，其中序部分先是追溯了韦氏族源及其流派南邑并最终主宰边邑（成为土酋）的历史，然后阐述了自己袭职后"开场拓境，置州占村"的功绩，待境内咸平，便修筑了这座六合坚固大宅，最后则是对这座大宅的赞颂，赞其坚固险要、万夫莫开，再加上辖下"黎庶甚众，粮粒丰储"，足可保永久太平。颂分三首，其一为追忆先祖功绩，其二、其三则是颂誉辖下民众生活之太平安定，人知礼仪，织耕自足，这实际是对自身统治的一种标榜和自诩。诗则赞颂大宅坚固，可保永世安定。

《六合坚固大宅颂》是岭南地区发现年代最早的唐碑，被誉为"岭南第一唐碑"。碑文撰者韦敬办，也有释作"韦敬辨"，世为桂西酋豪，曾任都云县令、澄州刺史等职。碑文骈散结合，叙事简明扼要，辞藻平实，文风质朴，修饰较少，借由儒家的宗族宗庙观念展开叙事，平铺直叙，追古论今，体现了中原王朝制度对广西边疆民族地区的影响，展现了华夏文化影响下广西边疆民族的真实生活状况，反映了汉、壮等民族之间的文化交往、交流与交融。同时，《六合坚固大宅颂》也是研究唐代羁縻制度和桂西地方社会历史的重要文献。在碑文中，韦敬办自称"岭南大首领、鹈州都云县令、骑都尉、四品子"，其中的"岭南大首领"应是韦敬办对自己酋豪首领身份的自诩，"鹈州"和"都云县"分别是唐王朝在今上林县附近所设的羁縻州和羁縻县，当时韦敬办的官职是都云县县令，"骑都尉""四品子"则是当时唐王朝给韦敬办所封赠的散官和爵位。这些职官、地名等从侧面反映了当时唐王朝在岭南地区推行羁縻制度的情况和特点。

智城城址于2006年被国务院公布为全国重点文物保护单位，包括两处遗址群：一处在智城峒，含智城遗址、《智城碑》和智城大庙遗址；另一处在距离智城峒约4.5公里外的石牛山下，包括《六合坚固大宅颂》碑和圣书大庙遗址。智城遗址，即智城碑中提到的智城，约建于634年至682年，是唐代澄州韦氏建造的庄园。城址四周以石山为屏障，其北、东、西三面都是高耸的大石山，山峰间修筑土、石城墙相连，形成以山及城墙围护的城，城内修建府第，利用山间谷地的不同走向分为内城和外城。内城

● 《六合坚固大宅颂》

面积1.15公顷，外城面积5.04公顷，总面积6.19公顷，周长1.7公里。城址现存遗迹有城墙四道、城池三个、水井一口，地面遗物有石臼、石马槽、石磙、石碾，以及少量陶瓷器、砖、瓦残片等。其中第一道城墙，位于智城峒东南方位的峒口处，城墙原长130米，两端连接高山山体，封锁整个峒城；第二道城墙在峒口之内，外距第一道城墙40米；第三道城墙位于内城中间，墙体高大，长30米，高27米，底宽70米，顶宽35米；第四道城墙位于内城的北面山腰上。四道城墙，严守紧防外敌的侵入，是唐代岭南民族地区建筑技术和布局的典型遗址。这一建筑，与其说是一座古宅，不如说是一个依山而建的城堡。这里三面均为悬崖，有"一人所守，即万夫莫当"的险要，而且"黎庶甚众，粮粒丰储"，有人民有粮食，利于防盗和固守。

（黎文宗）

防边保民有铁城
——南宋宝祐三年《宜州铁城记》

《宜州铁城记》摩崖在宜州古城峒西北面崖壁上，高352厘米、宽187厘米。字体为真书，字径5.6厘米。石刻被《粤西文载》《庆远府志》《粤西金石略》《宜州碑刻集》等收录。

作者黄应德，南宋人，生平待考，曾任静江府通判；何应壬，南宋潭州（今长沙）人；杨埏，时任广南西路经略安抚司参议官。

自南宋理宗端平二年（1235）蒙古军三路侵宋，至宝祐二年（1254）灭亡大理国，南宋南北形势空前严峻。为应对日益严重的西南危机，防范蒙古大军从西南地区进攻广西，继而造成蒙古军南北夹击宋朝之势，宋理宗任命胡颖为广西经略安抚使，大力加强西南防务。胡颖到任后，研判形势，认为宜州战略地位重要，随即任命武经大夫云拱守备宜州。云拱到任后，见宜州城简陋不堪防守，经过反复勘察，在距离原郡城二里左右的地方，因山造城，修成一座规模宏大、前所未有的"石城"。按照记载，开山运土，开岩凿壁，因山之势，修成了一个周长一千八百余丈的城池，有城墙，有城门。城池前瞰龙江，后倚天河，四面形胜，屹

- 《宜州铁城记》

然矗立，任凭敌方"钩冲肉搏"，都无所施用。因为其都是用石头砌筑，故被命名为"铁城"。宜州的附县宜山的居民也被迁居于此，等于另造了一个新城。据同一时间同一作者撰写的《宜州铁城颂》说："因山为城，石壁回环，屹然天成。双流渺渺，如带斯绕。惟石岩岩，角立岸表。诸关宏修，高无与俦。内容万灶，外扼咽喉。四面如铁，形胜卓绝……乃立府库，储财积粟，细柳分屯，兵食俱足。复用石工，凿井于中。山下出泉，源源不穷。重城外维，下瞰渊水，东西对峙，摩空玉垒。郡邑既迁，廨宇森严，民居云集，接栋连檐。道更坦履，其直如矢，懋迁有无，日中为市。"城外有石墙、有河水、有关卡，城内有兵、有民、有集市，又有衙署、道路、井水，表明修筑铁城是一个复杂的造城工程，显示了高超的技术和设计能力。

广西地处南宋西南边陲，地势复杂，山川纵横，是南宋抵御元军的重要战略缓冲地带，也是连接南宋与西南少数民族地区的关键枢纽。若广西失守，蒙古军便可长驱直入，北从荆湖北路，南从广南西路进攻荆湖南路，对南宋的大后方造成严重威胁，因此广西的得失对于南宋的存亡至关重要。

蒙古军在攻宋初期，主要在长江流域等地区作战，但广西军民深知唇亡齿寒的道理，积极加强防御。广西各地官员组织军民修缮城池、加固关隘，招募训练乡兵，增强地方防御力量。一些少数民族首领也响应南宋朝廷号召，带领部众参与到抗击蒙古军的防御中来。

1276年，南宋都城临安沦陷，但南宋残余势力仍在各地坚持抵抗。元军在占领湖南等地后，忽必烈命大将阿里海牙向广西进军，静江（今桂林）成为元军进攻的重要目标。

　　静江知府马墍临危受命，率领城中军民坚守。马墍积极组织防御，将城中军民团结起来，利用静江的坚固城池和有利地形，多次击退元军的进攻。元军久攻不下，便采取长期围困的策略。最终，由于寡不敌众，静江城被元军攻破。马墍率城中军民与元军展开了激烈的巷战，许多人战斗到最后一刻，宁死不屈。马墍被俘后，坚决不降，壮烈殉国。静江保卫战展现了广西军民顽强的抗元意志和不屈的民族气节。广西最重要的城池静江府被元军攻下后，桂西地区的宜州就处于元军东西夹攻的威胁之下，左右江土酋多数归顺了元朝，其余地区或破或降，至元十四年（1277）三月，元朝统一了广南西路全境，将其隶属于湖广行省，设立广西两江道宣慰司（治静江），宜州的铁城也就成为历史遗迹。

（胡小安）

始发港边赏园林
——元至治二年《海角亭记》

《海角亭记》碑在合浦县廉州镇廉州中学内的海角亭,现已嵌入墙体并以玻璃罩保护,碑额篆书,正文行草。

海角亭始建于北宋景德年间(1004—1007),几经兴废,今亭由合浦县人民政府1981年在原址上重修,恢复了原貌。亭分两进。第一进为门楼,第二进为亭的主体建筑。朱红墙壁,琉璃碧瓦,雕梁画栋。亭呈正方形,前后门相通,左右门窗对衬,四周有回廊,刻有各种动植物图案和历史故事人物。亭前柱联:"海角虽偏,山辉川媚;亭名可久,汉孟宋苏。"亭后方立有巨碑"古海角亭"。亭内后门上方原悬挂一幅"万里瞻天"匾,为苏东坡所写,但该亭几经兴废,真迹早已荡然无存。现悬于亭中的一幅字,乃集东坡字体仿制而成。不管如何,该景观集名人、风景、艺术、实用性于一体,确实值得弘扬。

碑文作者伯颜,生平不详,据碑文,元仁宗延祐七年(1320)他从京师外放,任廉州路总管府达鲁花赤(元代官名,也译作亲民官,为地方行政长官)兼管内劝农事。《元史》记载有两个重

● 《海角亭记》

臣都叫伯颜，其一是蒙古八邻部人、开国元勋，主导元灭宋战争的伯颜，在元成宗即位不久的至元三十一年（1294）就已经去世，显然不是本碑文中的伯颜。另一个是蔑儿吉鲊氏，历仕元武宗、仁宗、英宗各朝，后成为末代皇帝元顺帝时期权臣的伯颜（约1281—1340）。这一个伯颜与本碑文的伯颜生活年代一致，但可能也不是同一人，因为《元史》记载这个蔑儿吉鲊氏伯颜，在延祐五年（1318）升任御史大夫，六年（1319）被任命为江浙行省平章政事，延祐七年被任命为陕西行台御史大夫，至治二年（1322）复任南台御史大夫，没有记载其任官廉州路之事。当然也有一种可能，即延祐七年伯颜被任命为陕西行台御史时，并不到任，而是待在京师，因为行台御史同时还是中央御史台官员，待在京师是有可能的。可能没多久伯颜就由京师外放任廉州路达鲁花赤，到至治二年再回京师任南台御史大夫，由于一系列原因，《元史》漏记。

碑文记录了元仁宗延祐四年丁巳（1317）和英宗至治二年两次修缮海角亭的过程。前一次即碑文所说"本道分宪按治"时，听到父老说海角亭荒废已久，于是命地方官重修之事。该"本道分宪"即时官海北海南道肃政廉访司的范椁，范椁在延祐四年留有《海角亭记》碑记。后一次修缮海角亭在伯颜就任后，他看到前几年重修的亭台太简陋，于是连同附近废弃的金波桥等景观，"与亭并增广之"，建成后登亭抒怀，写下《海角亭记》。从中可以窥见元代亭台修筑的若干特点。

碑文首先指出了合浦的战略地位以及历代建置沿革，说合浦修建了坚固的城墙，即"有城壁为之藩屏，有官府为之纪纲，虽临而交趾，交人俯首不敢窥，濒而大海，海寇垂尾不敢犯"。这个海疆要地并不是蛮荒之地，有胜景，有名人，所以有"海角亭"传名百世。修复旧景旧亭，尽量在原址上修建，要讲究风景搭配，所以前一次只修复了亭子还不够，这次还要在亭之北面，疏导江水，使之绿云水绕；亭之西南的金波桥也要修复，使之与亭并列，形成山水、桥、树、月一体的风格，构思巧妙。而匾额、楹联、书法之妙，更添文化气息，也可以看出古人亭台建筑集坚固、风水、艺术、休闲、实用性于一体的综合理念。

碑文中最后提到的孟尝，字伯周，东汉官吏，会稽上虞（今绍兴市上虞区）人，历任徐县令、合浦太守。汉代合浦不生产粮食，但海中出产珍珠。合浦与交趾（今越南）接壤，常常互相通商，以珍珠换粮食。那时的合浦郡官员多为贪婪污秽之辈，责成人们采集，不知限度，导致珠蚌逐渐迁徙到交趾界内去了。结果客商不再来了，人和牲畜都没有吃的，穷苦的人饿死在道边。孟尝上任后，革除弊端，体察百姓的疾苦，做有利于百姓的事情。不到一年的时间，离开的珠蚌又回到合浦，老百姓都恢复他们的本业，商人开始来往，货物开始流通，孟尝被称赞为明智如神。著名的成语"合浦珠还"，讲的就是这个典故。

公元前214年，秦始皇统一岭南，置象郡，合浦县境域属之。灵渠的开通，沟通了中原至合浦的水道，促进了合浦沿海港口的发展。汉武帝平南越后，于元鼎六年（前111）设置合浦郡，同时设合浦县。汉代时，合浦港与东南亚各国和西方国家的海上交通贸易往来频繁，是中国"海上丝绸之路"最早的始发港之一，《汉书·地理志》对此有明确记载。

隋开皇九年（589），合浦郡并入越州，后越州改称禄州；大业三年（607）禄州与合州合并称合州，同年又改称合浦郡。唐武德五年（622），合浦郡改回越州称号；贞观八年（634），越州改称廉州。

宋元时期对外贸易都非常频繁，合浦与周边地区的贸易往来持续进行。宋代咸平元年（998），复设廉州，称廉州合浦郡，同时复设合浦县。宋代海上贸易发达，合浦作为传统的海上丝绸之路始发港，继续发挥着一定作用。但是由于各种历史原因，合浦港逐渐衰落，唐宋时期已经被认为是天涯海角的烟瘴之地，成为贬官流放之地，在此任职者亦有被流放之感，所以碑文说"临斯亭，览风土，慨然激思古伤今之叹"。然而作者认为身处边疆，既不能顾影自怜，也不能纵情快乐，必须"剔垢磨光，扬清激浊，宁忠心以报国，毋顾身以忘民"，颇有宋代范仲淹"先天下之忧而忧，后天下之乐而乐"的情怀，故此文是一篇值得传颂的好文章。

（胡小安）

桂林城墙几度修
——元至正二十一年《至正修城碑阴记》

《至正修城碑阴记》碑原在桂林市东城上逍遥楼故址，元顺帝至正二十一年（1361）刻，已毁。存有拓片但字迹模糊，《中国西南地区历代石刻汇编》注：拓片长236厘米，宽130厘米。楷书，额篆书（见《中国西南地区历代石刻汇编》第五册《广西省博物馆卷》，第76页）。另雍正《广西通志》卷一〇六、《粤西金石略》卷一四、《桂林石刻》上册、《广西少数民族地区石刻碑文集》、杜海军《桂林石刻总集辑校》均有著录。

桂林在秦代属长沙、桂林二郡，汉代属零陵郡，早在秦代就有秦城（遗址在今兴安县）的修建，多为夯土城。据记载，桂林到了宋代曾经几次修城，已经是砖石城墙，目前有桂林石刻记载，南宋后期咸淳七年（1271）为防蒙古军南下，集中力量再次维修了桂林城，用了砖二百九十万八千四百一十二片、石灰三百二十七万五百三十四斤、石三万六千三百九十七块。宋末重修，还绘制了城池图，至今存留，即著名的《静江府城池图》。该图刻于南宋咸淳八年（1272），摩崖在南宋桂林城最北端的鹦鹉山，高3.4米，宽3米，是全国乃至世界现存最早的军事石刻地图，突出对军营、官署、桥梁等军事设施的详细标明。

而元末顺帝至正十六年（1356）这次修城，同样面临着元朝存亡的紧要关头。时任广西道肃政廉访副使，后为广西行省平章

● 《至正修城碑阴记》（广西壮族自治区博物馆藏品）

政事的也儿吉尼，在风雨飘摇之中坚守广西，训练军队，改革盐政，增加广西财源，从而有钱大修桂林城。碑文记载说："至正十有一年，监宪也儿吉尼公宪副是邦。明年，淮右盗起，湖广不守，贼遂入湖南，衡永皆警，岭海震动，公谕众曰：'八桂根本一十六州，国保于民，民保于城。'"于是也儿吉尼决定重修桂林城池，作为保卫桂林和广西的根本重地。经费主要来源于食盐专卖收益和官员捐俸。此次修建规模远大于宋代，据石刻记载，军民就役者五千余人，共计一百二十四万六千四百多个工；用石料三百一十万八千多块，共计六十三万五千五百多个石工；用竹木百余万根，和膏所用米四千八百五十多石，金铁用去一十万三千八百多斤。费钱三十九万一千七百多缗。重修城池之布局、技术、组织、分工比前代更加严密而周详。

首先，从建筑技术而言，已经熟练使用砖石和石灰加固技术，即从城墙上端之底部，皆甃以大石，沈米为膏，炼石为灰，所有砖石都由石灰、米膏加固。这是一种自汉代以来的建筑技术创新。汉代时期，城墙不仅在高度和厚度上不断增加，而且在建筑材料和工艺上也有创新，如在夯土中加入石灰、糯米汁等，增强了城墙的黏合性和坚固性。此次修城将宋城墙的立面城砖全部更换成料石，增加了坚固性。

其次，城池结构因地制宜，"起于东北宝积山连风洞，因山为城"，因山水地势而建，既提高了防御能力，也节约了经费。城池一共大小15个城门，连为一个整体，即"东为就日门，又东为癸水门、为行春门。又正东为东江门。正南为安远门、为通明门。左为掖门，以达东江门。又南为小南门。又西为丽泽门、为西成门。西北为宝贤门。正北为迎恩门、为安定门、为拱辰门、为镇岭门"，比宋代增加了多个。城门的命名方式丰富多样，有按照方位地形命名者如癸水门、东江门、小南门、西成门等，有按照等级观念命名者如迎恩门、拱辰门、就日门、宝贤门等，有按照边疆治理愿望命名者如安远门、安定门、镇岭门等。其中丽泽门、宝贤门地名保留至今。为了便利出入以及防止紧急情况，"城门皆建楼阁……下各为磴道，以便登陟。团敌为台者三十九，台上建楼，楼皆外向，以便观览。团敌之中，又其大者建雄边楼……城上垒陴外向，皆有箭眼，内亦设女墙，以防坠佚。城之巅面，皆砌以砖石，其平如砥，外筑栏马墙以护城"，提升了科学性和便利性，也成为元代城池的典范。

再次，分工组织方面十分精细严密，设提调筑城、总提调一应钱粮、提调运输石材、收支铁器、收支熬浆柴薪木植、收支搭盖竹木茅草、提调熬浆和灰、监督砌城、排日计工、提调民夫军夫、收办炼铁木炭、起盖城上楼橹等事务负责的官吏，每一个环节都有人负责和监督，显示浩大工程组织的有效。

最后，按照汉代以来工匠留名的习惯以便追责，存留有泥水匠、木匠、竹篾匠、造船造桶匠、铁匠等众多工匠姓名，显示其保证质量的意图。直至今天，国家规定在建筑完工后必须镌刻建筑公司名称以永久公示，就是对中国古代智慧的弘扬。这次修城的效果十分显著，在洪武元年（1368）桂林以一城之力，阻挡数万明军数月之久，是明军南下征战过程中少有的硬仗。

规划主持修城者、广西行省平章政事也儿吉尼,《元史》无传,直到清末民初柯劭忞修《新元史》才为其立传。也儿吉尼,姓唐兀氏,即西夏遗民后裔。元顺帝至正十一年(1351),也儿吉尼任岭南广西道肃政廉访司廉访副使。当时,刘福通等人在颍州起义,徐寿辉在蕲水县称帝,国号大宋,年号治平,史称徐宋。1352年徐宋军队进逼广西,也儿吉尼击败来犯之敌,因军功不断升迁。至正二十三年(1363),元朝设立广西等处行中书省,他担任平章政事,成为广西最高长官。

在治理广西期间,也儿吉尼政绩颇丰。他修缮城郭,重修灵渠,恢复了灵渠的漕运与灌溉功能,促进了当地农业生产和经济发展。在文化教育方面,他重视学校建设,重修桂林府学,带头捐出俸禄,使桂林府学焕然一新,"桂林学校遂为诸道最"。在他的带动下,广西各郡县纷纷兴办教育,平乐府学就是在他主政期间修建的。

洪武元年,明军进攻广西,围困桂林城。也儿吉尼率军抵抗,城破后在城东伏波门被明军俘获,于六月二十四日被送往当时明朝首都应天府(今南京),不屈被杀。显然他是元朝的忠臣和能臣,也得到属下的敬重。其下属刘三吾有《哭夏台六首》,第一首是:"共谓城亡不即亡,宁知一死系纲常。文山不用留燕狱,许远安能活睢阳。此日赤心天地白,万年青史姓名香。桂林无限思贤泪,举目皆为召伯棠。"对他评价非常之高。

(胡小安)

土司营造土衙门
——明景泰四年《重新恩城土州治所碑》

《重新恩城土州治所碑》据《广西少数民族地区石刻碑文集》（广西人民出版社，1982年）记载，在大新县恩城乡，即旧恩城土州治所。原碑立于明景泰四年（1453），1956年为广西文物部门所拓，原碑今已不存，今仅存拓片和录文。碑文每句下均以小圆圈断句，为他碑所无。

文中叙述恩城土官赵氏得到朝廷任命，恢复统治该地方后，大兴土木修建衙门之事，是罕见的土司地区修建衙署的石刻记录。关于修衙原因，土官赵福惠自述自宣德七年壬子（1432）冬到北京朝觐皇帝，荣任恩城土知州以来，到了正统三年戊午（1438）春，"政通人和，百废俱兴，乃相其旧宇陋隘弗称"。经济发展、社会安定，赵福惠认为应该加强土司权威，于是决定修建新衙署。从文中叙述可以看出明代土司衙署的基本结构和规模，以及主体材料。所谓"琢石陶甓"，说明是砖瓦结构。"厥土燥刚，厥位面阳，厥材孔良"的记载，说明营建选址与选材是很重要的，隐约看出有风水的讲究。"首创堂室户牖……次甃济川桥"，说明衙署前面是有河流的，依河而建，有天然的护城河。此外碑文还记载这次修建有衙署办公厅堂、阁室宿舍、厨房等，吃住办公之所一应俱全。其基本结构、布局和功能与内地县衙差别不大。

目前全国现存规模最大、保存最完好的土司建筑群之一，为广西忻城县的莫土司衙署，其构造与恩城土司衙署类似，都是明代土司衙署的典型。莫土司衙署始建于明万历十年（1582），建筑占地面积4万平方米，坐南朝北，背依翠屏山，前临清水河，有大堂、二堂、三堂，共三进大厅，东西两侧有东、西花厅，另有兵房、牢房。从现存的忻城莫土司衙署可以大概推知恩城土州衙署的具体形制。

恩城土司今属大新县，在唐宋时期为土酋管理，自北宋仁宗皇祐年间侬智高愤而反宋失败之后，宋代在这一带将土酋势力分而治之，很多首领也被赐姓赵。元朝为加强对西南少数民族地区的管理，推行土司制度，这一制度在明朝得到进一步发展与完善，在清朝前期达到鼎盛。土司在其土地上世袭统治，成为地方实际的掌控者。

自宋元以来，恩城土司多由当地大族赵姓担任，凭借家族的威望和势力，对所属领地进行统治。他们在政治上拥有高度自治权，虽名义上服从中央王朝的统治，定期朝贡，但在领地内拥有立法、司法、行政大权，可自行任免官员，组建军队，制定地方法规。例如，在处理民间纠纷时，依据本民族的习惯法和土司的意志进行裁决，形成一套独特的地方司法体系。

经济方面，恩城土司掌控着大量土地资源。他们将土地划分为官田、民田等不同类型，官田由土司直接经营或赏赐给亲信，民田则分配给当地百姓耕种，百姓需向国家缴纳租税和服劳役。这种土地制度在一定程度上保障了土司的经济利益，也维持了地方农业生产的秩序。大新地处交通要道，土司利用这一优势，积极发展商业贸易，促进了经济发展。

该碑由太平府儒学训导林叡撰文，识字土人赵昌书写，这个赵昌应该属于土官官族，说明其汉文水平已经不低。落款除了土知州赵福惠之外，还有其正妻许氏、次妻梁氏，不排斥妇女。且许氏、梁氏都是今天大新一带的大姓，明清时期大新、河池一带的土官族裔也多有许姓，恩城土司正妻是许姓，可能是土司之间联姻的结果，这也是土司政治文化有意思的地方，值得研究。

（胡小安）

建城布局出新招
——明成化十五年《兴安县修城池记》

《兴安县修城池记》碑文著录于嘉庆《广西通志》卷一二六《建置一·兴安县》,原碑无存,是为数不多的详细记载县级政区修建城池过程的碑文。

兴安县是湖南下广西的必经要地,自古以来是连通岭南和中原的重要门户,著名的灵渠就在兴安,今天已经开辟为国家水利风景区灵渠公园。郭沫若曾题词"北有长城,南有灵渠",将灵渠与长城并列。秦始皇统一岭南,分三路进兵,其中一路就经过兴安,至今有秦城遗址和严关。严关自古有楚越咽喉之称,在这个战略要地修建城池是非常有必要的。

据碑文所说,兴安在明代以前没有城池,直至明代成化元年(1465)才有都指挥使马义下令修筑城池,此后十余年,逐渐破损,"串楼推挫者有之,城池颓圮者有之",难堪大用。而此时由于各地少数民族起义比较频繁,为维护统治秩序,亟需全面修复兴安县城池。分守都指挥陈宽会同左参政袁恺,向两广最高官员总镇、总督、两广总兵三大臣请示,拨款修建城池,可见,兴

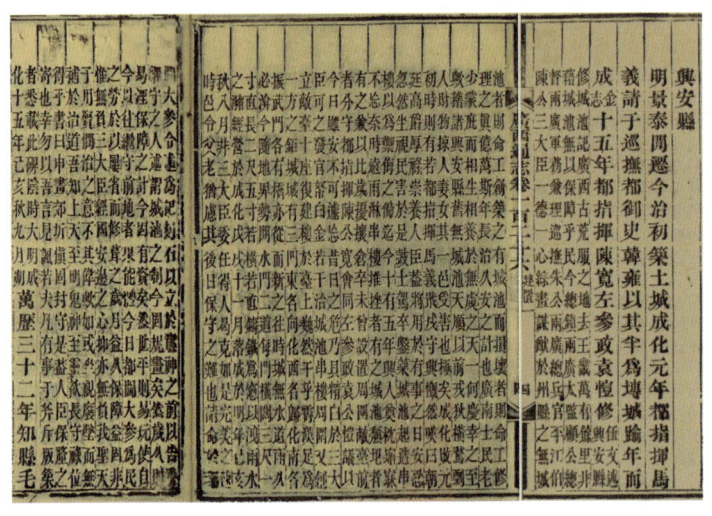

● 《兴安县修城池记》

安这次修城是关乎整个两广安全之事。城池修建由军事部门的卫所都指挥和行政部门的省级官员左参政共同提出和主持，规格很高，不是一个县级衙门的事情。

兴安城池修建规程合理，规模较大，设施完备，分工巧妙，具有科学性。加固修复了主体城池、串楼，周围又创立敌台十座，又建楼于台上，楼高视远，能够瞭望远方敌情。城池开了三个城门，东门叫向化门，西门名归化，南门名振武。每个门前都有桥，也重新修复。城池只开东西南三个门，不开北门，这是和当时人讲究风水有关，据说不能开北门。唐代柳宗元有一篇《全义县复北门记》，记载兴安县由于巫师的说法而长期不开北门之事；宋代文学家尹穑在绍兴初年任职广西经略安抚使李弥大幕府，也写有《桂州谯门记》，记载了宋代桂林重开北门的事情，遇到很大阻力。宋代周去非在《岭外代答》就记载有桂林当地流传的谚语："癸水绕东城，永不见刀兵"，癸水即北边的水，亦即说北面最好是有水环绕，不开城门，这样就能保佑城中永远没有战乱。其实这些风水说法，应该也是由一定历史原因造成的，因为兴安、桂林一带大的战乱往往都是从北边南下，假如有北门的话就很容易被攻陷。可能也正是由于这种实际情况，当地巫师才总结出不能开北门的道理。当然在和平时期，大量商人往往也是从北边南下，不开北门则不便利老百姓。明朝成化年间的这次修城，三个门分别命名为"向化""归化""振武"，也体现了明王朝治理边疆时期待"蛮夷归心向化"的心理。

碑文写道："往时城无水道，雨久必淹，今随地卑势开水门二道，每门横阔三尺一寸，直长二尺五寸，若横若直，铸铁为窗，以泄雨水之潴。"可见这次修城，还依据地势高低新开水门二道，每个门横向宽三尺一寸，纵向长二尺五寸，有横有直，铸铁为窗，以排泄雨水之淤积。这就是我们今天的下水道，设计非常合理，显示高超的技术，值得大书一笔。

明清时期，县城的城墙修建和布局更加完善和定型。城墙的修建达到了历史上的最高水平，不仅在规模和质量上超过了前代，而且在建筑技术和工艺上也有了新的突破。城墙普遍采用砖石结构，墙体更加高大厚实，城墙上的防御设施也更加完备，如城楼、角楼、瓮城等一应俱全。许多县城的城墙城门上都刻有精美的浮雕和题字,体现了当地的历史文化特色。

  在县城布局方面,明清时期形成了一套较为固定的模式。县城通常呈方形或长方形,也有略呈圆形的。以十字大街为骨架,将县城划分为四个区域。官署位于县城的中心位置或者地势较高的地带,讲究依山背水、藏风聚气、坐北朝南,体现了官府的权威;文庙和武庙位于县城的东南或西南方,象征着文化和武力并重或重文轻武;城隍庙、社稷坛等各类庙宇则分布在县城的其他区域,反映了当时的宗教信仰和社会观念。商业区和居民区往往分布在十字大街的两侧,形成了繁华的市井景象。此外,县城中还修建其他设施,如演武场、仓库、水井、钟鼓楼、桥梁等,方便了居民的生活和交通。

(胡小安)

水火相对建冰井
——明正德九年《重建冰井禅寺记》

《重建冰井禅寺记》碑现存放在梧州中山公园内,该碑刻于明正德九年(1514),碑高2.44米,宽1.16米,碑额"重建冰井禅寺"7字为篆书,碑文正文为行楷,全文1200余字。碑文由梅俊所撰。梅俊为明太祖朱元璋次女宁国大长公主的曾孙,碑文称"皇姬四世孙",撰文时任西城兵马指挥。

碑文主要介绍了明正德九年总镇太监潘忠倡议重修冰井寺一事,并介绍了冰井的由来、唐代元结《冰井铭》等内容。碑文中说,唐元道州(元结)过泉,为铭刻石,称泉曰冰井,意在压制郡南火山。冰井在梧州城正东门外,火山位于城南隔江处,冰井与火山隔江相对。自唐以后,冰井、火山一直是地方官员与文人墨客笔下的梧州名胜。据南宋周去非《岭外代答》记载:"梧州城东有方井二,冰泉清洌,非南方水泉比也,谓之冰井。其南隔江,有火山,下有丙穴,嘉鱼生焉。元次山尝为梧州,有'火山无火,冰井无冰'之句。"元次山即元结。清代康熙年间汪森编《粤西丛载》记载,唐大历十三年(778),容州经略使元结过梧州,在冰

●《重建冰井禅寺记》

井题刻"火山无火,冰井无冰"一句。火山、冰井的最初命名可能并无特别含义,元结命名梧州这眼泉水为"冰井",可能是因为他路过梧州,在炎热的岭南见到有清澈凉爽的井水,觉得很高兴,一时兴起就命名"冰井"。梧州火山的命名来历,据明末邝露《赤雅》引南北朝郦道元的说法是"其山以火从地中出",则有可能是早期该山有过火山喷发,也可能是因梧州炎热,或者山上有呈现红色之处，被人称为火山。但是最初并无"冰井压制火山"的说法。根据麦思杰的研究，这一说法的起因，可能是明代成化年间梧州成为两广总督和"三总府"所在地，军民急剧增多，而居民多数喜欢修建竹庐以蔽风雨，以至于经常发生火灾。所以此后官府民间高度重视冰井，以取"冰井压制火山"之意。本碑刻所记冰井寺也有压制火山的作用："夷其巅，更建观音一阁，以压镇火山。"此后梧州还修建真武庙压制火山，隆庆年间巡抚张瀚一度将火山更名为冲霄山。

碑文记载了明正德九年重修冰井寺后该寺的建筑布局，这为了解冰井寺的建筑布局及规模提供了翔实的史料信息。从碑文中可以看出，冰井寺当时主要有佛堂、山门、回廊、"尘外风光"堂、方丈、斋堂、双井、漫亭、观音阁、"拱日"亭、"挹清览灵秀"亭等建筑。其内部建筑布局清晰，功能分区合理：佛堂为专门礼佛的场所，"尘外风光"堂为游客休息的场所，方丈为僧侣居住的场所，斋堂为游客用餐的场所，漫亭为收集题咏碑刻的场所。此外寺内还有腴地数畦，专门用于种植蔬菜。根据史料，我们可以还原明正德九年冰井寺内部的建筑布局。冰井寺坐北朝南，南北中轴线由南向北依次为：山门，被回廊环绕的佛堂，"尘外风光"堂，冰井、漫亭、观音阁，观音阁的西北有"拱日"亭，观音阁的东北有一水塘，塘边建有"挹清览灵秀"亭，"尘外风光"堂西边有斋堂、藏厕，"尘外风光"堂东边有方丈，附以厨库。此外，在水塘的南边有腴地数畦，佛堂的东、西边为沼地，沼地北有污池一方。

《梧州府志》《苍梧县志》《广西通志》对于冰井寺在明代重建的记载不甚一致，而刻于明正德九年的《重建冰井禅寺记》正好记录了明正德年间重建冰井寺的情况，明确了冰井禅寺在明正德九年重修的史实。并且，通过对以上史料的分析，能够清晰梳理出梧州冰井寺的历史发展脉络，即梧州冰井寺建于唐代，宋、元时进行过修葺，明成化七年（1471）、正德九年进行过重修、重建，万历二十七年（1599）税监沈永寿请敕重建，改名广善。清乾隆十三年（1748）重修，光绪三十一年（1905）改为冰井学堂，冰井寺不复存在。

碑文中载"成化乙酉，两广蛮夷弗靖，都御史吴郡韩公雍奉敕提兵剿灭，当玉峡断藤之后，留公守镇两藩，公乃章请特命开设总府于梧，控制百粤"，提及了韩雍提议在梧州建制"三总府"的缘由。"控制百粤"更是道出了梧州在岭南地区的重要交通地位。碑文中提及总镇两广御马监太监潘忠、总督都察院右都御史林廷选、总兵武定侯郭勋，有力证明明朝廷在梧州始设军事重要机构"三总府"。

《重建冰井禅寺记》碑文，不仅详细记载了明正德年间梧州冰井寺重修的过程及其建筑的空间布局，还提及明朝廷在梧州设置三总府的原因及该机构设置的情况，对于研究明代建筑特征及军事制度建设有重要意义。

（李金霞　胡小安）

广西卫所何处寻
——明嘉靖七年《重建南丹卫题记》

《重建南丹卫题记》摩崖石刻在忻城古蓬镇周安村白虎山西侧，高0.5米，宽0.64米，新编1997年版《忻城县志》有收录，笔者实地考察，订正了其中若干录文。石刻所在的白虎山，在周安街的西面约一华里，是一座约三百米高的山，白色石崖，状如猛虎，人们称之为白虎山。山的西麓有罗隐岩和回春岩，两个岩口有18面摩崖石刻。

这篇很短的石刻，是目前所见唯一一篇记载了广西卫所筑城的石刻，含有很多历史信息。话说嘉靖六年（1527），明代著名学者、政治家、军事家王阳明，以南京兵部尚书的身份来到广西担任总督，负责军事。不久之后他就和平解决了思恩（今南宁武鸣、马山一带）、田州（今百色田东田阳一带）土司地区的土目"卢苏、王受之乱"。随后又利用土司兵的力量，在嘉靖七年（1528）突袭镇压了纵横于今南宁、柳州一带持续上百年的"八寨之乱"。在平定叛乱后，经过反复考察，王阳明认为今天忻城周安堡正处于八寨之中心要道，而且属于滂江河谷地，地势较为平坦，水源充

● 忻城周安白虎山远景

● 忻城周安白虎山摩崖

足，土地肥沃，有不少良田可以用于军队屯田，在此创筑一个卫所城，可以安置数千土兵和卫所兵，使其成为"柳、庆之间一巨镇"，以便随时镇压各民族人民的反抗。于是王阳明决定把南丹卫迁到今天忻城周安、上林三里一带。

卫所是明代重要的军事镇守和管理疆土的机构。据学者苏建灵、范玉春等人研究，广西前后设置了12个卫，分别分布在今桂林、柳州、南宁、河池、崇左、百色、贵港一带。其中南丹卫设置于明太祖洪武二十八年（1395），最初在今河池南丹，后来由于各种原因，成祖永乐二年（1404）迁到宾州（今宾阳）上林东二里，正统七年（1442）又迁到宾州城内，至嘉靖七年再筹划迁到周安一带。为此，王阳明在嘉靖七年八月《批右江道移置凤化县南丹卫事宜呈》中对南丹卫修筑城垣、起造公廨的各项事宜提出了详细规划；九月再发《改委南丹卫监督指挥牌》，对南丹卫官军去周安堡屯扎计划做了详细的安排，并对筑城所用木、石砖、瓦、匠作等开支做了估算，安排南丹卫指挥孙纲为监督、南宁府同知陈志敬协同督理、指挥李楠以都指挥身份行事。本石刻就是在这种情况下出现的。

这篇文献是难得的记录修建卫所城的史料。该城的修筑是由总督王阳明议定，由广西副总兵张祐、副按察使翁万达和南宁府同知陈志敬、宾州守备孙纲共同完成，这显示出该卫城的重要地位。副总兵张祐在筑城过程中，游览过卧仙岩（罗隐岩），发现洞口的石壁上有一首无名氏的诗，其诗用朱砂粉写成。他命人刻写在卧仙岩洞口。无名氏的诗原文是："钧旨于斯八寨游，无村夜泊此岩头。凶山有约如回顾,恶水无情向北流。此地传闻生贼种,累朝杀戮使人愁。从今设置千军镇,殄灭瑶蛮永绝休。"张祐也因此刻写了一首和诗:"仙子何年到此游,漫留真迹识岩头。诗藏旧诫昭昭在,水绕新城款款流。八寨定知成俗美,九重无复动边愁。我来勒石铭功德,地久天长颂不休。"这两首诗的意思差不多,大概是说,在平定八寨和设置卫所之前,瑶民起事比较多,之后则风俗、治安已经大为改观,已不用朝廷担忧。该卫城的修筑目的也是"重建筑南丹卫城,永奠兹土,务俾夷瑶绥服"。不过据学者方容兰的研究,这次修筑卫城之后,由于王阳明离任及猝然离世,继任者林富反对将南丹卫迁至周安,所以该卫并没有搬迁。但是笔者估计应该至少迁移了一部分人员,因为一方面已经修筑了卫城,另一方面刚刚平定的八寨地区需要军队镇守,从起义者手中抢到的大量田土也需要军队屯种。

八寨各族人民起义并没有被完全镇压下去,从嘉靖二十一年(1542)至万历年间还有几次大的反抗活动。李应祥在万历八年(1580)再次镇压八寨起义之后写诗自夸说:"仗钺西来岂浪游,指麾烽垒万山头。七年浑若丹心尽,一洗滂江血赤流。圣代版图已镇静,边域鬼魅莫惊愁。太平已许将军置,新凿讴歌日益休。"第二年又把南丹卫正式迁移到上林三里。明末崇祯十年(1637)底,著名旅行家徐霞客从三里行到周安,他在《徐霞客游记》中记载:"南自后营,北抵周安,极于罗木渡,其中有那历、玄岸、蓝涧、桥蓝诸村,南北十余里。昔乃顺业里及周安之属,今为八寨余党所踞。"他又说:"蓝涧本三里之顺业里属。今南抵那力过脊之地,俱为八寨余孽所踞,而蓝海潮则其魁也……周安镇,数家之聚,颓垣败址,在溪西岸,而溪东膏腴,俱为贼踞,不可为镇矣。"他已经看到设置于三里、周安一带的南丹卫已经衰落,不少土地肥沃的地方又已经是壮人在居住和耕种。其中情况其实很复杂,据笔者的研究,当时设置卫所、带管壮人村落时,土地的使用权仍然在壮人手里;也可能此时卫所兵丁逃亡损失或者部分通过各种手段转军为民,卫所土地也与民田土地混杂在一起而被买卖和隐匿,因此出现了卫所衰败的现象,直到清代康熙年间废除了卫所,将其全面与州县合并。

今天上林三里、忻城周安一带还有一部分卫所残存遗址,包括夯土和防御工事。附近一些村落的居民还自称是卫所兵丁之后裔,从嘉靖或者万历年间起奉命屯田守卫,有石氏、何氏、蓝氏、韦氏等,也可以看出卫所制度的深远影响。嘉靖、万历两次大规模镇压八寨之后,明朝还安置随征土司南丹韦氏屯守周安,莫氏留屯古蓬和思吉,促进了民族交融。

八寨之中心上林、忻城一带人民有着深厚的反抗压迫的精神,一直延续到近现代。1944—1945年,韦广培、樊茂春组织抗日自卫队联队,攻下古蓬,光复了八寨地区。1947年在中国共产党领导下举行"古(蓬)、思(吉)起义",革命军队进行了两年多游击战争,1949年与解放大军会师,解放了八寨地区。

(胡小安)

楚南第一古禅寺
——清顺治八年《重修湘山寺碑记》

《重修湘山寺碑记》为清初定南王孔有德所撰，原碑今不存。碑文最早著录在康熙年间《湘山志》，嘉庆《全州志》卷十二《艺文志》及《楚南第一禅林湘山寺》等书亦有著录，作者名字均写为"孔友德"。

湘山寺也称寿佛寺，位于桂林市全州县的湘山西麓，昔有红门楼、玄武楼、山门、大雄宝殿、布经楼、观音阁、寿佛殿、佛母堂、天台院、妙明塔等建筑物，雄伟壮观，夙称"楚南第一禅林"，现在为全国重点文物保护单位。

湘山寺大约于唐至德元年（756）由高僧全真创建，至今已有一千两百多年的历史。全州湘山祖师姓周，名全真，唐代后期郴县人。据说他自幼就有佛心，十六岁去参拜道钦禅师。道钦见其骨相不凡，于是将他收为弟子留下来。几年后全真法师修炼有成，之后游历广东罗浮，又回到郴州，再去衡阳，最后来到全州湘山，在此剪茅修庙，躬耕自给，传授僧徒，未尝取人秋毫。传说他圆寂时的阳寿有132岁、139岁、166岁等不同说法。还传说

● 湘山寺摩崖石刻

> 廣西通志卷一百十七
>
> 藝文
>
> 國朝
>
> 記
>
> 重修湘山寺碑記　　　　　　孔有德
>
> 全陽古清湘地錯壞楚粵山川融結形勢環抱擅西南粵區之勝距治二里許名湘山巍峨崒嵂秀刱天半爲無量壽佛揚孜之傳緣云自唐至德年間駐錫此地咸通八年示寂涅槃聊趺古塔中至朱元祐年敢塔現身莊嚴色相終不變滅隨建妙明寶塔居之弘起法界繽光大乘福地洞天直
>
> 廣西通志　卷一百十七藝文　一
>
> 甲寰海不獨橫絕湘州已也亘千百年水火旱澇疫癘兵戈幾經變革毎現無量化身呵護辛卯
>
> 今上御極八載余誕將
>
> 皇威拓有南服戎車暇豫頗聽勝燊舊之輦華碧紺怨蕩而爲荒榛蔓草瓦礫塵垢灰劫淪寂道固有時而戒晦因復愴然於懷乃捐貲修葺命協守全陽副總兵官千文科往董其事土木肆興百役兼擧於浮屠前楹創構伽藍殿三山門外另竪鐘鼓二樓壯增厭勝外自山門以迄廊廡禪堂圮者整之壹者易之敝者新之瑕者堅之剝落者飾之堆砌而蒙茸者剪之薙之由是沿流以來清凈名域神

● 《重修湘山寺碑記》

他神功了得，可以吞铁嚼钉、上刀山、下火海、浸油锅、医百病，这些法术其实类似荆楚岭南乡村巫师的做派，或许是后世不断添油加醋的结果，已难以考究。清康熙年间编修的《湘山志》还记载全真法师告别道钦禅师之后，回郴州老家探望母亲。为了迎接儿子的归来，母亲杀鸡款待，全真不忍心推辞，给母亲留一个鸡腿，自己将剩下的全部吃完。他吃完之后，马上到江边掏出肠子洗干净，据说后来常有独足鸡浮在水面上，就是全真法师洗肠出来的鸡肉复活所成。全真法师的神迹越传越多，《湘山志》还记录了全真法师显灵以阻止兵乱之事，显然是该寺僧人或者信众神化全真法师的做法。

湘山寺历代屡毁屡建。清初这一次重建，是在明清之际的特殊时期。当时清定南王孔有德攻下桂林不久，将王府驻扎在桂林，为了安定民心，显示仁慈，积极修建寺观庙宇。当然，南下征战而生死难测的清军可能更需要精神寄托。据不完全统计，这一段时间仅桂林就重修寺观十余处之多。这次重修湘山寺，新建了三座伽蓝殿，在山门外另建钟、鼓二楼；从山门到原有的廊庑、禅堂等建筑，都进行了重新修整。《重修湘山寺碑记》让我们大概了解湘山寺的主体建筑以及修建方式。在康熙二年（1663）谢允复所撰的另一篇重建天台院碑记中，指出"为堂三间，规制宏丽，有厨、有台、有榭、有角门、有山门，为间又以廿计；为筑墩者，两层纵横，各盈数仞，甃砌皆石"，可见这些建筑都是以木石结构为主。

在接近湘山顶端的一块大崖壁上，镌刻着"寿世慈荫"四个大字，相传这四个大字是康熙皇帝南巡至全州时即兴题词，显然这是附会。这实际上是康熙五十二年（1713）御赐题词，先由广西巡抚陈元龙等人制匾悬挂于湘山无量寿佛大殿，后陈元龙等人又前往江南寻觅刻字能手，于康熙五十五年（1716）之前将此四字刻于崖壁之上，自此崖壁四字受到当地百姓的膜拜。

重修湘山寺者孔有德，原为明末辽东悍将毛文龙部将。毛文龙被袁崇焕以破坏军纪等罪处决后，部将孔有德与耿仲明等人于崇祯四年（1631）发动吴桥兵变，率部哗变，后渡海降后金（清）。这一背叛之举成为他人生的重大转折点，也彻底改变了孔氏家族的命运轨迹。

降清后,孔有德成为清军的一员悍将,为清朝的开疆拓土立下赫赫战功。他参与了多次重要战役,崇德元年(1636),孔有德被封为恭顺王,出征朝鲜、锦州、松山等地。在松锦之战中,他率领的汉军利用火炮等先进武器,给予明军沉重打击,为清军最终取得胜利发挥了关键作用。清军入关后,孔有德更是一路南下,追击南明势力,顺治三年(1646)授平南大将军,六年(1649)改封定南王,出征广西,攻克桂林,几乎占据广西全境,成为坐镇一方的藩王。

然而当时清军与南明军的拉锯战非常激烈,不少地方可以一夜之间易手。顺治九年(1652),原明末农民起义军张献忠部下名将、南明晋王李定国率部由贵州进入湖南广西交界地带,在士绅乡民的支持下,从全州西延(今资源)出发,经兴安、灵川,以迅雷不及掩耳之势攻下桂林。孔有德获援无望,自焚而死,家眷大多遇难,仅女儿孔四贞幸免于难。两年后她护送父亲灵柩北上京师,顺治帝命令众多大臣郊迎,并赐银四千两,官为营葬,立碑纪功。后来孔四贞上奏请求,朝廷又为孔有德建祠,春秋祭祀,可谓极尽哀荣,这也凸显出孔四贞的不一般。有民间传说她被孝庄太后收养于宫中,封为公主,太后还想将她许配给顺治帝。事实上并非如此。据《清实录》等史书记载,孔四贞只是享受和硕格格的待遇而已,并非格格。孝庄太后也不可能有将其许配给顺治皇帝的想法。且不说孔四贞是汉人,更重要的是,孔四贞可能早就经父母做主,许配给了孔有德旧部孙龙之子孙延龄。康熙四年（1665），孙延龄被任命为广西将军，孔四贞随夫赴任，再一次来到桂林。

康熙十二年（1673），"三藩之乱"爆发，孙延龄在广西响应吴三桂，孔四贞陷入了两难的境地。她一方面对清朝有深厚的感情，另一方面又难以割舍与丈夫的夫妻之情。最终康熙十六年（1677）孙延龄被吴三桂派人杀死，孔四贞被吴三桂幽禁数年。直到康熙二十年（1681）"三藩之乱"被平定，孔四贞才得以回到北京，度过了孤独凄凉的晚年。

（胡小安）

镇险佑民有伏波
——清乾隆二十一年《鼎建后殿碑记》

《鼎建后殿碑记》碑在广西横州市云表镇伏波庙前，清乾隆二十一年（1756）刊。

撰文者梅源，字于雯，山阴（今绍兴）人。碑刻讲述伏波庙重修缘由、规模以及记录捐资者姓名、捐资数额等。碑文说，伏波古庙由于管理不善，以致庙貌崩颓、神像剥落。乾隆七年（1742）冬，奉郡侯苏公之命，原在南宁府城大书院的僧人法仝来庙住持，开辟山坡，勉力修建，已经修复了前殿，拟兴建后殿，无力自举。于是广为募捐，捐资者大多数是本地和外地商户。从中可见，当地商贸繁荣，这得益于此地的优越位置，交通便利。碑文记载的圩镇、商号、货物品种众多，贸易尤以谷米贸易和粤盐转销为大宗。此碑可以与同一时期南宁府各地粤商捐资碑对比，可以发现更多的信息。

伏波庙是为纪念东汉伏波将军马援而建，明代嘉靖初新建。据说明代著名军事家、哲学家王阳明到广西任总督以图平定土司矛盾，镇压瑶民起事。他乘船经过郁江，晚上做梦梦见马援，保

● 《鼎建后殿碑记》

● 伏波庙

佑他行船安全,因此倡议修庙。马援一生南征北战,为东汉政权的稳定和边疆的安宁立下赫赫战功。他曾率兵平定交趾(今越南北部)叛乱,途经横县乌蛮滩。此地滩险流急,给过往船只带来巨大威胁。马援在征战之余,组织民众疏河通航,造福当地百姓。人们为缅怀他的功绩,便修建了伏波庙,千百年间,祭祀不断。

　　伏波庙建筑风格独特,融合了岭南建筑的精巧与古朴。庙宇占地面积广阔,沿山势而建,层层递进,气势恢宏。庙门高大雄伟,门上雕刻着精美的图案,线条流畅,造型生动,展现出古代工匠高超的技艺。主体建筑包括前殿、中殿、后殿等，均为砖木结构，飞檐斗拱，雕梁画栋。殿内供奉着马援将军的塑像，他身着铠甲，目光坚毅，神态威严，仿佛仍在守护着这片土地。四周墙壁上绘有关于马援生平事迹的壁画，色彩虽历经岁月，已有些斑驳，但依然能清晰地看到当年的战争场景和百姓生活的画面。这些壁画不仅是艺术的瑰宝，更是历史的生动记录。

伏波庙不仅是一座祭祀的场所，更是当地民俗文化的重要载体。每逢传统节日，尤其是农历四月十四马援将军的诞辰，这里都会举行盛大的庙会。

从历史价值来看，伏波庙见证了横县乃至岭南地区的历史变迁，是研究东汉时期军事、政治、文化交流以及民族融合的重要实物资料。它的存在，让后人得以了解马援将军的功绩和那个时代的社会风貌。从文化价值而言，伏波庙的建筑艺术、壁画艺术以及民俗活动，都蕴含着丰富的岭南文化内涵，是广西地域文化的杰出代表。它将建筑、绘画、民俗等多种艺术形式完美融合，为后人留下了宝贵的文化遗产。

（胡小安）

弘文惠柳思二公
——清乾隆二十九年《重建柳刘二公合祠碑记》

《重建柳刘二公合祠碑记》是清乾隆二十九年（1764）为纪念唐代著名文学家柳宗元和刘蕡而重建祠堂时所立的碑文。碑现藏于广西柳州市柳侯祠，清乾隆二十九年刊。《中国西南地区石刻汇编》注拓片长210厘米，宽110厘米。见《中国西南地区历代石刻汇编》第七册《广西省博物馆卷》（第37页）、《柳侯祠石刻注释》（第101—102页）。

柳宗元和刘蕡在贬谪期间，不仅留下了大量传世诗文，还在当地兴修水利、推广教育、改善民生。柳宗元在柳州期间，积极推动农业生产，疏浚河道，解决了当地的水患问题；刘蕡在柳州任职期间，依然心系百姓，积极为当地百姓谋福利。他曾在柳州推广农业技术，帮助百姓解决生计问题。他们的功绩被后人铭记，各地纷纷建祠以纪念他们的贡献。

贤良祠，是历代官员为纪念唐代人物刘蕡而建。该祠见于《柳州县志》："贤良祠旧在城西，祀唐柳州司户刘蕡。"宋州守许申奏建，赐额"贤良祠"，后废。明永乐间（1403—1424），金事

弘文惠柳思二公

- 《重建柳刘二公合祠碑记》

刘长吾重建。成化间（1465—1487），广西布政使司右参政黄埙又与诸郡守阮文英建祠于西关外。弘治元年（1488），广西督学周孟中又建其祠于柳侯祠之左。康熙六年（1667）右江道戴玑重修，之后，异地在柳侯祠东建贤良祠，有柳、刘二公祠之称。清阎兴邦《重建刘贤良祠碑记》载："自唐而元，庙地久不可考。"又记"岂以其实德孚民，勤劳及民，与侯合德，故其祠亦可相埒耶"。又说："盖以在昔之同德及民者，而为在今之并地立祠，不亦两相辉映千古哉。"又说："贤良贤者，柳人世祀。"复云刘蕡"寻贬柳州司户，至则以德化民，以礼齐民"。乾隆二十八年（1763），祠宇倾圮，"右江道王锦移祀柳侯祠傍董公祠内"，以明董成龙配祀，捐俸修葺，右江道王锦撰文并书丹，刻于清乾隆二十九年。碑文介绍了柳、刘二公合祠的经过情况，并从柳宗元、刘贤良二人的遭遇、德政及为人，阐明二人合祠的缘由，表达了作者对先贤的景仰之情。

柳宗元（773—819），字子厚，祖籍河东（今山西永济），世称"柳河东""河东先生"，因官居柳州刺史，又称"柳柳州"。他是唐代杰出诗人、哲学家、政治家，唐宋八大家之一。公元805年，柳宗元参加了以王叔文、王伾为首的革新集团，针对宦官专权、藩镇割据等社会矛盾与问题进行改革。不到半年时间，革新失败，柳宗元被贬为永州司马，公元815年任柳州刺史。在柳州任职期间，他坚持"利安元元为务"为官初心，以人民为中心，为百姓做实事。他推行多项改革，改善民生，对当地社会、经济、文化发展产生深远影响。在政治上，废除奴俗，解放奴婢。由于柳州地处偏远，民间盛行以子女抵押债务的陋习，债务逾期则沦为奴隶。柳宗元到任后，制定"以佣除本"政策，允许奴婢通过劳动抵债，恢复自由；对于无力赎身者，他自掏俸禄代为赎还。此举解放了上千名奴婢，打击了奴隶制残余，巩固了封建生产关系。韩愈在《柳子厚墓志铭》中说道："观察使下其法于他州，比一岁，免而归者且千人。"北宋刘斧的《青琐高议》也提到，柳宗元通过"佣工抵债"政策，使"民益富"。针对柳州当时文化落后，民众信巫术、轻教育的情况，他主持修缮孔庙，倡导尊师重道，改变"椎髻卉裳，攻劫斗暴"的风气。他把废弃多年的"府学"恢复起来，提高了柳州以至岭南地区的文化水平，韩愈称赞道"衡湘以南为进士者，皆以子厚为师"。针对柳州"信巫轻医""人相买卖"等陋习，他积极改革社会风俗，破除陋习，注意搜集民间药方，提倡医药治病，以亲身经历向群众提倡医学，破除迷信。为了提高生产力和人民的生活水平，他注重基础设施建设与农业技术推广，引进中原地区的先进科技知识，教导百姓养鱼、养猪、修房建厢、造船筑路。组织人力挖掘水井，破除当地"动土不吉"的迷信，解决了居民饮水问题。他还号召老百姓开垦荒地，推广种树（如柳树、柑树）、种菜技术。据记载，仅大云寺一地便种植"竹子三万竿，菜百畦"。柳宗元虽仕途坎坷，却在柳州任上以"利安元元"为宗旨，将儒家民本思想付诸实践，让柳州的社会经济得到了快速发展，百姓的生活得到了极大改善，实现了"为官一任，造福一方"的理想。其事迹被韩愈、刘禹锡等同时代文人记录，亦为后世史书、地方志所载。至今柳州市柳侯祠内还存有国家一级文物"荔子碑",碑文摘自韩愈所撰《柳州罗池庙碑》,歌颂了柳宗元在柳州的德政和功绩。该碑因集韩愈的诗篇、柳宗元的事迹、苏轼的书法于一体,被誉为"三绝碑"。

刘蕡(生卒年月不详),字去华,幽州昌平(今北京昌平区)人。《旧唐书》记其为"宝历二年(826)进士"。《新唐书》记:"大和二年(828),举贤良方正能直言极谏……而宦人深嫉蕡,诬以罪,贬柳州司户参军"。对此,李商隐作《哭刘司户蕡》诗:"路有论冤谪,言皆在中兴。空闻迁贾谊,不待相孙弘。江阔惟回首,天高但抚膺。去年相送地,春雪满黄陵。"

刘蕡到任后,发现柳州百姓生活困苦,农业生产落后。他利用自己的学识和经验,积极推广先进的农业技术,教导百姓如何合理种植作物、兴修水利。他还鼓励百姓开垦荒地,增加粮食产量,缓解了当地的饥荒问题。相传,刘蕡曾亲自下田,与百姓一起劳作。他的平易近人和务实作风赢得了百姓的爱戴。在柳州期间,他还积极兴办学校,教导当地子弟读书识字。他还亲自编写教材,传授儒家经典和诗文创作。在他的努力下,柳州的文化氛围逐渐浓厚,读书人也逐渐增加,多有中举者。

刘蕡在柳州影响很大,不少地方都发现有其墓葬或者祠庙。乾隆《柳州府志》记载,明成化十三年(1477),布政使司右参政黄埙为刘蕡修墓;雍正十一年(1733)、乾隆二十九年右江道黄岳牧、右江道王锦两次重修。刘贤良墓位于柳州市文笔村龙兴屯(原贤良屯)西南水田中,墓碑中刻"谏议大夫贤良刘公墓"字,为明代碑刻，墓前有牌坊，额刻"唐贤良刘墓"，为乾隆三十年（1765）修。解放前小学、私塾、文化人及地方要员每年春秋两季皆到贤良墓地祭扫，至今墓旁有"思贤村""思贤桥"等。明崇祯十年（1637），徐霞客游历柳州时曾记有"唐二贤祠"。民国《柳江县志》录有乡人《刘贤良祠》诗："柳江天下清，柳山天下奇。借问何能尔，中有刘蕡祠。神鹰奋一击，不中还高飞。范滂及李膺，在汉名应齐。岂屑兴时辈，品位论高低。"可见后人对造福一方的先贤的崇敬之情。

（杨文定　黄胜恩）

广东客商共家园
——清乾隆五十三年《重建粤东会馆碑记》

《重建粤东会馆碑记》现存于梧州市龙圩区粤东会馆内，镶嵌于馆内后庭墙上，分为《重建粤东会馆碑记》与《重建粤东会馆题名碑记》两部分。《重建粤东会馆碑记》碑高171厘米，宽73厘米，书体为楷体，碑身保存完整，碑文均可释读；《重建粤东会馆题名碑记》又分为两通，各高166厘米，宽166厘米。

粤东会馆位于广西梧州市龙圩区龙圩镇忠义街西边，前临西江，背为市场。会馆坐南向北，建于清康熙五十三年（1788）。现会馆占地面积537平方米，为三进两院建筑，单体建筑三开间，人字山墙，灰裹陇屋面，青砖墙，穿斗抬梁式结构，正脊、垂脊有人物、花卉、动物纹灰塑。乾隆年间这次重修据称是"拓旧基，辟新局，工匠极一时之选，材石收两省之良"，扩大了建筑面积。从碑文中也可以看出，不少材料是从广东运输过来，估计是广西产出不多的特色砖瓦琉璃之类。1998年曾对前座（山门）进行落架大维修。会馆中、后座间东碑廊有乾隆年重修碑记五通。粤东会馆1987年被列为苍梧县首批县级文物保护单位，1994年被列为

广东客商共家园

《重建粤东会馆碑记》

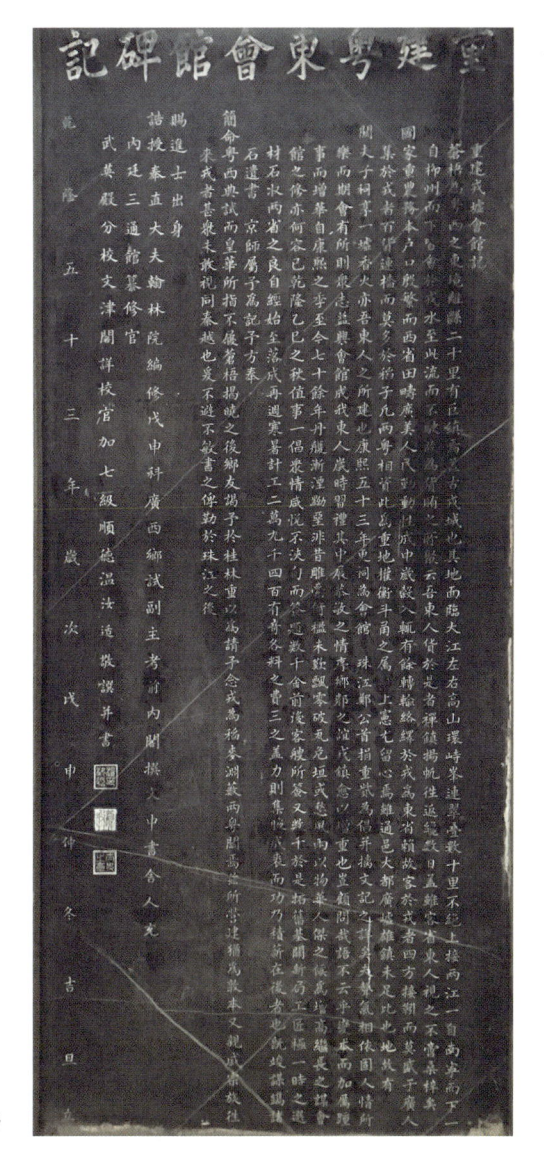

第四批自治区级文物保护单位。

自明清以来，苍梧戎圩是西江中上游地区最大的圩镇，西江流域一直流传着"一戎二乌三江口"的说法，即苍梧戎圩、平南大乌、桂平江口三圩共同组成了西江中上游地区的商业贸易网络。该碑载"一自南宁而下，一自柳州而下，皆会于戎，水至此流而不驶，故为货贿之所聚云。吾东人货于是者，禅镇扬帆，往返才数日，盖虽客省，东人视之，不啻桑梓矣"。道出了乾隆年间苍梧水上商贸路线，并说明了戎圩为自西边南宁而下及自北边柳州而下的交汇点，而来梧的商人以广东人居多，故戎圩又为两粤文化、贸易的交汇地。

碑文所载乾隆时期的戎圩为"巨镇"，"百货连檐"，足见当时戎圩商业的繁荣。对比粤东会馆内另一通《粤东会馆甲申年创造坝头碑记》，该碑立于乾隆二十九年（1764），较为详细地记录了当时会馆重修码头的过程及捐款情况，根据碑中数据记载统计当时捐款数额为一百六十四两，仅仅24年后，从《重建粤东会馆碑记》的记载可以看出，乾隆五十三年重修会馆的捐款数额剧增，有力证明了乾隆中后期苍梧商业的迅速发展。

通过碑记所载内容，我们还可以进一步了解商人群体的构成。首先，可从碑刻内容撰写的作者温汝适的身份来分析，据《广州府志》载：温汝适，字篑坡，龙山人。可知其为广东顺德人。另作者在碑文中写道："予念戎为稻麦渊薮，两粤关焉，兹所营建，犹为敦本，又亲戚宗族，往来戎者甚众，未敢视同秦越也，爰不避不敏，书之俾勒于珠江之后。"他提及自己的亲戚宗族往来苍梧甚多，可从中推测苍梧的商人群体中顺德商人的数量不少。其次，《重建粤东会馆题名碑记》捐款题名中有值得注意的现象，除顺德商人以外的助捐基本以州县名署名，如百色悦源号、横州南兴号、南宁广胜号等；而顺德的商人捐款，大部分的商号署名能详细到个人姓名，如太平圩温大隆、龙山陈文兼等。这一现象也可说明顺德商人在苍梧的势力有别于其他地方的商人。综上两个方面的分析，可推测来往苍梧从事贸易的商人应以顺德商人居多。

此外，碑文中载"地故有关夫子祠，享一墟香火，亦吾东人之所建也，康熙五十三年，更祠为会馆"。可知粤东会馆的主神为关帝。至今，主神仍为关帝，后座的陪祀神明为天后。关帝是商人的财神爷，其作为会馆的主神符合商人的信仰；天后保佑舟楫来往平安，为水路往来商客所供奉，同时也可反映出当地的民间信仰。

综上所述，《重建粤东会馆碑记》等碑记，详细记载了苍梧粤东会馆的发展、修缮过程，同时也记载了清朝苍梧至整个岭南地区的贸易往来路线，对于研究清朝以来苍梧的贸易交通有着重要的意义。此外根据碑文所载，可进一步了解往来苍梧的客商人群结构、民族"三交"史、民间信仰等。

（李金霞）

重修试院士人安
——清道光九年《辟建思恩府试院记》

《辟建思恩府试院记》是清道光九年（1829）李彦章为纪念思恩府试院的重建所立，内容则是记载了道光八年（1828）思恩府试院重修的前因后果。此碑在民国朱昌奎编纂的《宾阳县志》中有载，但题名作《鼎建思恩府试院记》。碑现立于南宁市宾阳县宾州镇三联街宾阳县中等职业技术学校内思恩府试院旧址左侧一处碑亭内。原碑在"文化大革命"期间曾被人为破坏，碑体断裂为两截，后经修复，碑趺也已佚失，现重刻了碑座。方碑，高210厘米，宽95厘米。碑首上方横榜篆书阴刻有"辟建思恩府试院记"八字题名。碑文楷书阴刻，共23列，约1300字。

思恩府试院位于今宾阳县中等职业技术学校内，过去曾是清代思恩府进行科举考试的场所，"三年两试"以及"科考、岁考"之时，思恩府的应试生员都会到此应考。同时，思恩府知府考核宾州、上林、迁江三县之士亦会在此试院进行。现存的思恩府试院有主体建筑三进及两侧厢房各一列，总宽度达32米，总进深约41米，总面积约1300平方米。坐西北向东南，硬山顶砖木结构。

《辟建思恩府试院记》

主体三进建筑占据中轴位置，每进建筑宽度一致，均为15米，进深则有所不同。其中，头进倒座式门楼进深8.4米，屋脊高耸，正脊、垂脊装饰有彩塑雕花。中殿进深7米，后殿进深7.5米。头进和中殿之间的天井两旁各设有一个月门连通左右的厢房。左右厢房总长度达41米，内设18间房，每间厢房10平方米左右。厢房前有连廊，列柱16根，10圆6方，方柱较圆柱大。在一些墙体砖面上，还保留有部分烧制者的标记和名号，即物勒工名，表明这些砖为专门定制，可见当时对试院建设之重视。思恩府试院是目前广西保存规模最大且较完整的古代科考试院，对于研究清代广西地方的政治、经济和文化教育情况以及科举考试制度等都有着重要的价值。1998年，思恩府试院被公布为宾阳县文物保护单位；2000年8月，又被公布为广西壮族自治区文物保护单位。

思恩府，原为唐代所设的思恩羁縻州（治所在寨城山，即今平果旧城），明代正统年间因土司官岑瑛平乱有功升为思恩土府，后又改为思恩军民府（治所在乔利）。明嘉靖年间，王阳明平定八寨起义后，将思恩府治所迁至武缘荒田驿（今武鸣府城）。清代，思恩府辖域广阔，包括武缘、宾州、上林、迁江等县以及白山、兴隆、定罗等土司，治所仍在武缘荒田驿。原本，思恩府试院作为思恩府主要科考场，应当位于思恩府治所所在，但由于思恩府地域狭长，宾州正好地处思恩府中部，交通发达，可通达思恩府各县、各土司，相较于偏居一隅的武缘荒田驿，显然更方便于思恩府的士子们应考。而且，思恩府的治所在迁至荒田驿后，历任知府、学政等官员大多会选择在宾州驻府办公，故而历年思恩府的岁考、科考以及生员考核等也就都安排在了宾州举行。考生的增多，自然就催生了考棚和试院。思恩府试院始建于何时，已经无可考证，我们只知道它最初是由右江道行署（右江道最早在宋代设置，主要辖柳州、思恩等府。明嘉靖以后，右江道行署始设于宾州，清康熙六年裁撤）改建而成，推测可能是在明嘉靖七年（1528）至清康熙六年（1667）间。清乾隆六年（1741），宾州知州宋允升以试院倾圮请以重建，随后宾州知州阮维璋便于乾隆八年（1743）重修了试院。待到乾隆二十五年（1760）时，时任宾州知州徐尚忠重建了试院的东文场。次年（1761），思恩府知府梁居震翻新了试院并增加了坐号。清道光六年（1826）李彦章出任思恩府知府，到其卸任之年（1828），其间曾经历岁考和科考两试，发现当时仅官学的生员人数就已经达到了1700余人，应考的童生更是数倍于生员数，最多时曾有6000余名应考生，但坐号却只有1200多个，远不足用。而且房屋年久失修，因此李彦章有心修缮，便张文劝捐，并率先捐金，准备修缮试院。经过两年的募捐，至道光八年五月，试院得以开始重建，次年六月即告落成，共花费钱财五百万钱。而在试院重建前的道光八年春，李彦章早已调任宜州，此后又辗转至浔州，但他仍然挂心试院重修之事，思恩郡民也是不远数百里，常事无巨细地向他咨询，最终历时一年重建了试院。新落成的思恩府试院"结构之雄，足冠通省"，李彦章感慨其变化之大，忍不住将试院重修前后的对比写了出来：

兹乃湫隘者易而爽垲，卑陋者易而光明。昔者粪土之墙，今则厚其砖而磬之巩矣；昔者颠摇之坐，今则坚其几而石为跌矣；昔之布席七丈二尺者，今已拓为十四丈五尺矣；昔之敷坐一千二百人者，今且容至二千四百人矣。地倍以前，号增于旧，凡夫台门厅事，前阿后堂，亲橼皆良，绳墨有法，丹青涂墍，翼然焕然，老树百年，风日不到，院中规制仪式，殆与朱学使前记相仿而加闳以深焉。

在思恩府试院建成后，郡人先是在试院门口立好砻石，然后不远数百里，至浔州找李彦章作记，于是在道光九年，李彦章写下了这篇《辟建思恩府试院记》。李彦章（1794—1836），字兰卿，号榕园，福建侯官（今属福建省福州市）人。嘉庆十六年（1811）进士，曾先后担任广西思恩府知府、庆远知府、浔州知府和江苏按察使等职。清道光五年（1825），李彦章被派任为思恩府知府，开始任官广西。在此期间，他潜心研究农务，劝农民开垦水田，种植双季稻，岁获丰收，在武鸣府城镇至今仍留有"郡守李彦章劝农至此"的石刻；他还倡导兴修水利，一年之内在思恩府的武缘、上林、宾州、迁江四县开塘、圳336处，修坝430处，效果显著；他还大兴文教，倡办义学，修建书院，先是在武鸣府城兴建了阳明书院，并亲任掌教、亲自讲学，后又在宾州重修了思恩府试院。此外，他还在思恩府推行了两项举措：一是凡是思恩府童生，"远如十二土司之氓，近若十五屯所之士，向之不得上达者"，皆予通名参加科考；二是"请于上官，通饬郡之有司，广录取而去积弊"，为思恩府扩增了录取的生员（秀才）名额。加上思恩府试院的重修完成，这些措施一改往昔"以号舍之限，包苴之习，士不尽录，录亦不尽多，致有赢粮远来，求一入唱名而不可得"的局面，使思恩府学气、科考之风更盛。

很可惜的是，到了咸丰八年（1858），李彦章重修后的思恩府试院又因太平天国起义波及而毁于战火。到了同治四年（1865），思恩府知府熊寿山、邑绅陆生兰、蒋承周等捐资并向武缘、上林、迁江三县派捐，再次重建了思恩府试院。光绪三年（1877），试院的东、西考场将倾塌，宾州知州杨椿再次对其进行重修。清末科举制度废除后，曾利用试院创办了"思恩府中学堂"，不久又改为"宾上迁中学"。民国十五年（1926），再易名为"广西省立第十二中学"，后又改为"省立宾阳初级中学校"，此即今之宾阳中学的前身。

《辟建思恩府试院记》为我们了解思恩府试院的由来及其早期历史，以及道光六年李彦章重建试院的起因、重建的经过和试院建成后的规制等，提供了重要的史料依据，具有重要的历史和文学价值。

（黎文宗）

两广交融存建筑
——清道光二十年《重建五圣宫碑记》

《重建五圣宫碑记》立于清道光二十年（1840），是由当时蒲庙的仕子雷际亨撰文、雷震亨题书，内容记载了道光二十年蒲庙圩士商民众共同捐修五圣宫的经过。此碑现嵌于南宁市邕宁区蒲庙镇五圣宫天井内的东侧墙面上，共有碑3方，每方碑刻尺寸、大小相近，各约高134厘米、宽76厘米，青石质。碑文楷书阴刻，分为序言、捐资名录和支费、捐产名录等几个部分，首碑的右首有题名作"重建五圣宫碑记"。

五圣宫，坐落于南宁市邕宁区蒲庙镇蒲津社区蒲津路63号，位于银枕峰东麓山脚下，因"崇奉北帝、伏波、三界、天后、龙母，合其数而为五"得名。五圣宫始建于清早期（约雍正九年至乾隆八年间），即碑文所言"自开市以来，即有斯庙"（蒲庙于雍正九年开市）。传闻五圣宫建立后颇为灵验，使"瘟疫不能入境"，福泽一方，故历来多经修缮和重建。清道光七年（1827），蒲庙的民众因见五圣宫规模狭隘，曾考虑募资重建，但因仅募得二百余贯钱，资费严重不足而作罢。此后，他们又以已经募得的

《重建五圣宫碑记》

● 五圣宫

钱作为本钱，放贷收息，同时仍每年募捐，一直持续到道光十七年（1837），才凑足重建五圣宫所需的二千六百余贯钱。道光十七年春，五圣宫的重建工作开始了，一直到道光二十年的夏天，历时三年有余方才建成。这次重建，基本奠定了今天我们看到的五圣宫的格局。

除了《重建五圣宫碑记》记载的这一次重建外，历史上，五圣宫还经过几次重修，分别是在乾隆五十九年（1794）和光绪十三年（1887），另有一次重修时间不可考。这几次重修，均留有碑刻，现都和《重建五圣宫碑记》一起嵌于五圣宫天井东面墙体上。根据这些碑刻记载，五圣宫由来已久，自"蒲庙临水开圩，依山立庙，崇奉五圣"(《重建五圣宫庙宇碑记》)，便已有了五圣宫。到了乾隆五十九年，因"雨洒风飘，不无倾朽之虞"，乡民便集资做了重修。道光二十年，五圣宫重修后，至咸丰七年（1857）时，又毁于战火，此后一直未能恢复。直到同治十一年（1872）时，"有客自东省来者，备言千益会之善"(《重建五圣宫庙宇碑记》)，提议重建五圣宫，但一直到光绪十年（1884）才筹齐资金，又自光绪十一年（1885）夏始，至光绪十三年秋，历时两年多才再次完成了五圣宫的重修。1989年，五圣宫被列为邕宁县重点文物保护单位。1993年，五圣宫重铸神像后再次对外开放，依然是广大群众祈福思安的重要宗教场所。2004年，南宁市人民政府再次对五圣宫建筑进行整体维修，并一度将门楼一侧的耳房用作邕宁区文物管理所办公地点。2009年，五圣宫被公布为广西壮族自治区文物保护单位。

现存的五圣宫坐南向北，为两进一天井格局，占地面积约483平方米，硬山顶式砖木结构，双层青砖琉璃瓦，其中前进为倒座式门楼，左右两侧附有耳房；后进为正殿，内供奉北帝神像，两侧则分别是东、西配殿，分别供奉龙母、天后和伏波、三界神像。前、后进之间有短天井相连通，天井中置香炉。建筑内外挑檐及墙上端均有浮雕和壁画，前厅正脊雕以双龙戏珠和人物表演塑像，厅、室外檐边、顶分别有石狮及鲤鱼等雕塑。五圣宫的建筑工艺、美术设计均有独特之处，极具岭南风格。

五圣宫以奉祀北帝、龙母、天后、三界、伏波五神而得名。

其中，真武大帝为道教神祇，也称玄武，为北方之神、水神。天后为海神，本为沿海渔民所信奉，后该信仰随着粤商逆西江而上行贾而在上游的邕江、郁江等沿岸地区传播开来，成为西江及其上游流域的疍民、商贾等最为信奉的一个民间神祇。龙母也是西江流域地区民众所信奉的一个地方女性神祇，源于壮族的"特掘"传说，据说龙母是断尾龙"特掘"的养母，其神职和水神相类似，而且民间还常把龙母和天后一起奉为长寿与孝老护幼的象征，也尊称为送子娘娘，故邕宁当地民众多有拜天后、龙母求姻缘和子嗣的。伏波即伏波将军，两广之地的沿河地区多有信奉，神职大体类似水神。三界，指"三界公"，即三官大帝，为掌管天、地、水三界之神。从五圣宫奉祀的五神不难看出，其基本信仰大抵是以水为核心，糅合了各大水系神祇，是对水上生活和航行的一种平安祈愿，从侧面反映了当时依赖邕江、八尺江水路而生的小商品贸易之兴盛。《邕宁县志》就曾载蒲庙"水路繁盛，水路滨近大河，轮船密集"，可见蒲庙因水运发达而带来的商业的繁荣。事实上，五圣宫在两广地区也基本上是分布在西江水系及其上游的沿江河地区，是随着粤商西进而伴随着水路运输业的兴起而发展起来的，是当时水上人家（渔家、船户、撑渡人等）和往来西江水系的商贾最为崇信的庙宇，现今郁江流域的横州市和西江流域的梧州市等地仍保存有完好的五圣宫庙。

《重建五圣宫碑记》对于我们研究五圣宫的发展历史有重要的历史意义，它也从侧面反映出了清道光年间蒲庙商品经济的繁荣。在碑文记载的收支情况中，我们不难发现，道光二十年重修的主要资金来源为"会项本息银"，占到了收入总数的61%，这项金银应即碑文序言提及的"(道光)丁亥，佥欲修造，苦无其资，爰聚一会，得钱二百余贯，每岁出应缓急权子母（注：此即放贷）"所得之钱。而其他4项进项中，"各助工金银""四行复助银""余荫银""杂项银"分别占到进项总数的22.7%、7.1%、2.96%、6.1%，仍是以捐助金（各助工金银、四行复助银）为主，这说明五圣宫的重修基本上是依靠信士、商贾、店铺的捐资以及利用信士们捐资作的放贷收入，是民间自发的捐修行为。而在支用一项上，所费最大者为购置物料（尾料、砖石、木材、金箔油漆等），约占支出总数的58%，其中又以砖石所费最高；而支用的人工费（木匠、泥水工、小工等）则占总数的27.8%，当中则以木匠费用最多，次则泥瓦匠。这也证明了当时重修的五圣宫主要是以砖木结构为主，且其中很大一部分物料来自广东，与民间传说五圣宫最初是由粤商兴建且木料均由广州运来的说法吻合。此外，碑文还记载了八名信士捐赠铺地给五圣宫的情况，且明确记载"以上各铺每年三九月，当年值事收租以作香灯之需"，说明五圣宫的运营管理资金中除了信士捐资和香火外，也有很大部分来源于这些捐赠铺面的租金。值得一提的是，碑文中提及"苏建详，乾隆乙丑年送铺一排二间"，也从侧面说明五圣宫创建的时间，至少可以追溯至乾隆十年（1745）时。

通过《重建五圣宫碑记》的记载，我们还可以一窥清道光年间蒲庙商品经济的发展状况。蒲庙位于八尺江与邕江的交汇口，水路交通便利，上即可溯邕江至南宁城，或逆八尺江至那莲、新江，下可顺邕江至郁江、西江，远达梧州、广州等地。而且蒲庙周边盛产布匹、白糖等土特产，明清时期钦廉（今钦州、北海）

一带转运南宁的盐也多经八尺江、蒲庙运输。得益于此，自雍正九年（1731）开圩以来，蒲庙一直商贾云集，百业兴盛，是八尺江流域最大的一处集市。至道光年间，蒲庙的商业已经朝着行业化发展，已经形成了几个大的商行。在《重建五圣宫碑记》中，我们可以看到复捐的商号已经细分为了布匹行、白糖行、油榨行、谷米行这四大行类，表明当时蒲庙商业的行业分类已具雏形。当然，从这四个行类判断，蒲庙的商业也还处在粗加工阶段，大多仍是利用其传统的农产品进行粗略加工后便转销他处，如布匹和蔗糖仍然是蒲庙、那莲一带最著名的农副产品。而从碑文中罗列的各商行店铺判断，当时很多的店铺，其经营范围并不是单一的，而是交叉、跨行业经营，如宏益号兼营布匹、白糖、谷米三类，生泰号兼营白糖、油榨、谷米等，成丰号兼营布匹、谷米，永和号兼营油榨、谷米，等等。而从四大类商铺罗列的店铺数量来判断，当时蒲庙的商行主要还是经营谷米行类（有19家），其次则是以经营本地特产布匹和蔗糖为主的布匹和白糖行类（各有店铺7家和8家），油榨行类占比也较大（有店铺5家），基本上是以人们日常生活所需的民生行业为主。值得一提的是，在《重建五圣宫碑记》中，还出现了"广聚当"这一当铺名，而这种典当铺，是以抵押物进行借贷的一种初期原始金融机构，可在商铺扩大、融资等过程中提供一定的资金周转，它的出现也表明当时蒲庙经济的繁荣。

（黎文宗）

天妃落户在广西
——清道光二十一年《三江县福建会馆碑记》

《三江县福建会馆碑记》碑在今三江侗族自治县丹洲镇原福建会馆，碑嵌入墙中，分三块，序碑高172厘米，宽84厘米，楷书；两通捐资碑均高172厘米，宽91厘米，楷书。《三江碑文集》有著录。

道光丙申年（1836），闽籍移民的福建商人黄璧兄弟，为继承父志，在同乡帮助下，在丹洲修建了会馆，供奉天后娘娘。捐资名录从嘉庆二十二年（1817）一直记到道光二十一年辛丑（1841），说明该会馆的筹办时间较久；名录有黄、陈、林、谢、叶、刘等福建大姓和众多商号，还有葛亮镇的赖朝能、赖德昌、赖庆治等人或商号。十年以后，即道光丙午年（1846），在葛亮的福建商人会同贵州、广东商人修建了吉祥宾馆，供奉天后元君。之后在同治十一年（1872）与光绪十三年（1887）两次重修，值事者都是赖万隆商号，其业主是赖学耀，福建人，在葛亮从事木材贸易。在这两次重修会馆中，捐资者多以商号名义进行捐资，而且有多家商号同时参加了两次捐资，有些商人、商户在碑文中不止一次出现，说明这些商家与个人都是长期在三江等地经商贸易的人，拥有比较雄厚的资金。葛亮、丹洲都是贵州、广西木材贸易非常重要的中转站，因此可以推测这些商家大多为木商。

这样一座砖瓦结构、气势恢宏的闽粤会馆，建筑技术成熟，布局合理。碑文详细记录了整个会馆的布局和功能结构："正殿三间，祀天后像，殿旁为左右客厅，外横屋三间为耳室，殿前为戏楼，左为左厢楼，右为碑房，又为左月门；右为右厢楼，又为福德祠，又为右月门。循戏楼直前，东向为正门，左右为小月波门，门前为院落，院落东北隅、东北向者为门楼、为大门。"有

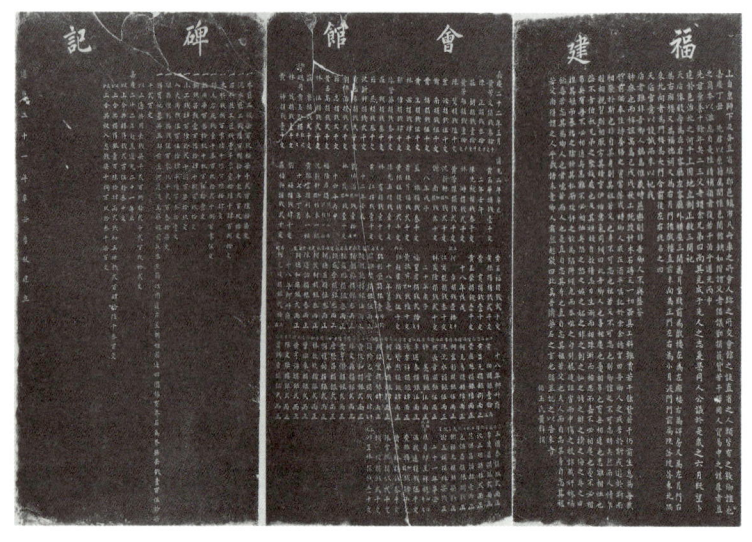

● 《三江县福建会馆碑记》

祭祀福建人崇敬的神灵天妃的正殿，有聚会接待的左右客厅，有娱乐的戏楼，可见会馆是移民的精神寄托与同乡情谊的纽带。远离故土的人们，通过会馆相聚，在这里可以听到熟悉的乡音，品尝到家乡的风味，分享家乡的消息，慰藉思乡之情，让他们在广西有了家的感觉。同时，会馆为商人提供了商业交流与合作的平台。商人们在会馆中交流商业信息、洽谈生意、制定行规、解决商业纠纷等。像南宁的新会书院，就是粤商等在南宁进行商贸活动的重要联络点，促进了当地商业的有序发展，推动了商品经济的繁荣。

会馆也是民族交往交流交融的生动见证。从历史上看，广西地处西南边陲，自古以来就是多民族聚居和多种文化交汇的地区。会馆作为一种特殊的社会组织形式，在广西地区的发展历程中，充分展现了其多元功能与文化融合的特质。福建会馆大门榜书"闽粤一家"就表达了其心声；门口的嵌字对联"浩浩其天，盛德在水；明明我后，正位乎坤"，也告诉我们，福建的水神天妃，已经落户在广西。当然，福建商人贩运木材等货物都离不开水运，还是需要家乡神灵即水神天妃的保佑。

明清时期，随着商业贸易的发展，大量外省商人涌入广西。他们为了在异地更好地开展商业活动、联络乡情，纷纷建立会馆。这些会馆成为各地文化在广西的传播窗口。三江县丹洲福建会馆，其选址在侗族聚居的丹洲，本身就是民族交流的一种体现。福建会馆的建立，反映了福建籍移民在当地的社会融入与发展需求。在建筑风格上，会馆虽整体保留了福建传统建筑的精髓，但在一些细节上,也不难发现与侗族建筑文化相互借鉴的痕迹。例如,会馆的飞檐斗拱与侗族木楼的檐角处理,虽材质与工艺不同,但在造型的灵动与舒展上,似乎有着某种微妙的呼应。这或许是在长期的共处中,建筑工匠们相互交流、彼此启发的结果。

从会馆的功能来看,它不仅是祭祀和联谊的场所,更是商业活动的重要平台。在丹洲这个木材贸易的关键地点,福建会馆内时常进行着木材交易的洽谈、价格的商定以及行业规则的制定。在这些商业活动中,福建籍木商与当地侗族、苗族等各族木材生产者、运输者频繁往来。这种经济上的紧密联系,促进了不同民族之间的相互了解与信任。木商们带来了先进的商业理念和资金,而当地少数民族同胞则以丰富的山林资源和精湛的木材加工技艺与之呼应。双方在合作中实现了互利共赢,也进一步加深了彼此之间的文化交流。在文化交流方面,会馆起到了桥梁与纽带的作用。每年的妈祖诞辰等重要节日,福建会馆都会举行盛大的祭祀仪式和庆祝活动。这些活动不仅吸引了福建籍移民的参与,也让当地其他民族的民众有机会深入了解妈祖文化。在祭祀仪式中,庄严的仪轨、独特的祭品以及传统的祈福方式,展示了福建地区独特的海洋文化内涵。而在活动期间,还会伴有戏曲表演、民俗展示等内容。侗族民众在参与这些活动的过程中,接触到了不同于本民族的文化元素,拓宽了文化视野。同时,福建籍移民也可以领略到侗族独特的文化魅力,感受侗族人民对自然、祖先的敬畏与热爱。

从教育传承的角度来看,会馆也发挥了积极作用。在会馆内，往往会设立学塾，教授同乡子弟文化知识。这些学塾不仅传承了福建等地的文化传统，也为当地少数民族子弟提供了接受教育的机会。不同民族的孩子在同一屋檐下学习，交流学习心得，增进了彼此之间的友谊与文化认同。他们在学习过程中，既了解了汉族的儒家文化、诗词歌赋，也会将本民族的传说故事、民俗风情分享给其他同学。这种跨民族的教育交流，为培养具有多元文化视野的下一代奠定了基础。

三江县丹洲福建会馆浓缩了民族交往交流交融的丰富内涵。它见证了不同民族在经济、文化、生活等各个领域的相互碰撞与融合，是中华民族多元一体格局形成的生动写照。在历史的长河中，它不断地促进着各民族之间的团结与发展，为构建和谐共生的民族关系发挥着不可替代的作用，其承载的历史记忆与文化价值将永远熠熠生辉，激励着后人继续传承和弘扬各民族友好交流的优良传统。

（黄胜恩　胡小安）

刻石制图绘小城
——清道光二十六年《怀远县总图》《怀远县城图》碑

《怀远县总图》《怀远县城图》碑现存于三江侗族自治县丹洲镇丹洲村东城门墙面，碑高134厘米，宽87厘米，题名为楷书，说明文字为行书，刊刻于道光二十六年（1846）。这是临摹刻写清代怀远县（今柳州三江县）总图和县城图，比较少见，虽然早在宋代桂林就留下了相当精美的石刻城池图，但在桂西地区此为首例。从图例来看，城池建设使用当时常见的修筑方法，布局均属常规。不同之处在于城池处于少数民族村寨之间，绘图显示了周边众多的村寨（峒）名称。这次绘图也有比较成熟的技术，"度山川形势，审城邑方位"，然后在旧图的基础上重新绘制，并且刊刻在石碑之上，让普通人也能清晰看到。

怀远有悠久的历史，早在北宋就设置过怀远县、怀远军，是多民族杂居的地区。元明时期有过长期的"瑶乱"，明代正德年间（1506—1521）瑶人还占据了怀远县衙门（在今三江县老堡乡），以致官府人员无法进入县衙办公，长期寄居在融县办公。到隆庆五年（1571），新任县令马希武趁着两广总督殷正茂平定桂林"古

●《怀远县总图》《怀远县城图》碑

田瑶变"之威,得以重新进入老堡县衙旧地。由于知县马希武在修城池、征徭役等方面过于苛刻,时有欺凌百姓之事,还以严查私盐为名,抓了进山贸易的盐贩子,损害了山区老百姓的生活便利,这一切使得广大瑶人心里已经埋下了对官府的怨恨情绪。万历元年(1573),马希武出行之时,有一个瑶人小孩不知道避让,冲撞了他的轿子,被公差抓住不慎打死,从而又引发了瑶民起事,再次引起明朝廷的大兵镇压。一直到万历十九年(1591)新知县苏朝阳走马上任,在地方头人"六刀瑶老"的支持下,才重新选择在丹阳(今丹洲镇)修建了县衙门。到清代以后民族交融加快,社会比较稳定,这一次立碑刻图就呈现出这一局面。丹洲作为县治经历了三百多年,民国二十一年(1932),柳州人刘瑞麟当县长时,以"县治偏处丹洲,失居中策驭之道"为由,顺应地方民众的请求,呈请广西省政府核准,于当年5月将县治由丹洲迁至古宜,怀远县也改为三江县,一直延续至今。

　　该石刻体现了中国古代绘制城镇布局图的技术。该技术出现很早,如马王堆汉墓出土的汉代《长沙国南部地形图》等,已经能够较为准确地绘制出山脉、河流、道路和居民点等,其中对城市的位置、轮廓等有一定的体现,说明当时已经有了一定的城市位置确定和简单轮廓绘制技术。

　　魏晋南北朝时期,城市图绘制技术进一步发展。这是一个民族大交融的时代,各类技术在各民族交流融合中有所创新。如北魏洛阳城,在城市图绘制中更加注重体现地形地貌和城市功能的合理布局。制图理论也开始丰富,如魏晋时期名臣、地图学家,被誉为中国科学制图学之父的裴秀,提出了"制图六体"理论,即分率、准望、道里、高下、方邪、迂直，为城市图绘制在比例尺、方位、距离等方面提供了更科学的方法，使城市图绘制的准确性大大提高。

隋唐时期有了更先进的测量技术，能够精确测量城市的面积、空间距离等。如长安城的规划十分规整，在绘制图上能够准确体现出棋盘式的道路网络、里坊布局以及宫殿建筑群的位置关系等。绘制方法也呈现多样化，除了传统的平面绘制，还出现了一些立体示意的方法来表现城市的建筑和地形。同时，在绘制中开始注重对城市景观的描绘，如园林、水系等，使城市绘制更加生动和全面。

宋元时期出现了如沈括这样的科学家，他在制图方面有诸多创新。在城市图绘制中，他采用了分层设色等方法，使地图更加直观。明清时期绘制技术在继承前人的基础上更加成熟。如《南都繁会图》《皇都积胜图》等，以写实的手法描绘了南京、北京等城市的繁华景象，在绘制技术上，无论是建筑的细节、人物的活动，还是城市的整体布局，都表现得十分精细。

明末以后，西方传教士带来了西方先进的制图技术和理念，如经纬度、投影法等。中国的城市图绘制技术开始受到西方影响，逐渐向近代制图技术转型。目前存留的宋代静江（今桂林）城池图、清代怀远县总图石刻版，为我们展示了中国古代地图绘图技术，值得我们用心研摩。

（胡小安）

中山先生诚不朽
——民国十九年《梧州市中山纪念堂建筑始末记》

《梧州市中山纪念堂建筑始末记》碑现存放于梧州中山纪念堂前,与《创建梧州自来水厂工程始末记》为一碑两事记。碑为云石板,高1.58米,宽0.75米。全碑由2块云石板组成,碑文为阴刻直书。碑一面为《梧州市中山纪念堂建筑始末记》,楷书碑文;另一面为《创建梧州自来水厂工程始末记》,隶书碑文。

梧州中山纪念堂坐落在梧州中山公园山顶,为北山公园之中心,枕山面河,气象雄伟,前望大江,后临百花冲,左邻冰泉冲与叶琪墓相对,右为繁华之市区,西接桂江,地位高耸,气势庄严,合万方瞻仰之意。纪念堂建成于1930年9月25日,是我国历史上最早建成的中山纪念堂。其建筑既吸收了西方建筑学的优点,以现代化建筑方式为结构手段,又保留了中国古建筑"宫殿式"的风格。

孙中山生前为了组织北伐,曾三次驻节梧州,提出过开发梧州的宏伟设想。1925年3月12日,孙中山先生在北京逝世。3月24日,梧州各界人士在大较场举行追悼大会,会后,时任西江善

●《梧州市中山纪念堂建筑始末记》

后督办的李济深倡议集资兴建中山纪念堂，纪念孙中山先生的丰功伟绩，是为倡议兴建中山纪念堂之始。1925年4月27日发行的《广州民国日报》报道了此事，并详细记载了梧州兴建中山纪念堂的三个原因：一是孙中山先生为创造中华民国元勋，吾人为崇德报功起见，应有纪念堂纪念以垂永久；二是孙中山先生既有大功劳于国家，应建纪念堂使后人瞻仰，知道孙先生创业之艰难；三是梧州市内向无集会之地方，现拟建筑大规模之纪念堂，给市民提供集会的地方。

经过多方努力，至1926年1月29日，举行奠基典礼，碑文记载"延阁莅梧观政，率地方长吏，奠基如礼"，即当时国民党的市长"乃为之广辟园径,修筑三民大道及环园路更环山之",并把北山公园改名为"中山公园",在山脚建牌坊。牌坊正面为"中山公园""忠孝""仁爱"题额,背面为"天下为公"(孙中山手书)、"信义"、"和平"题额。按《苍梧县志》记载,"纪念堂路(即三民大道)在中山纪念堂前,均十九年(1930)市工务局建……纪念堂路共长八百零四尺,宽十四尺,或十尺,或六尺","公园路(即环园路)达纪念堂,路面加铺蜡青",把纪念堂和北山公园连成一个整体。

中山纪念堂建成后,当时的梧州市政厅把它作为市政活动的会场,一些重要会议、演出等活动都在纪念堂举行。邹韬奋、沙千里、史良等人先后在此作过抗战形势报告。梧州的一些进步剧团也经常在此演出抗战救亡话剧,对推动梧州人民抗日运动的开展起了积极作用。

梧州中山纪念堂是中国最早建成的中山纪念堂。1981年,梧州中山纪念堂被自治区人民政府公布为第三批自治区级文物保护单位,1995年被自治区人民政府公布为爱国主义教育基地,2006年被国务院公布为第六批全国重点文物保护单位。《梧州市中山纪念堂建筑始末记》碑详细记录梧州中山纪念堂的修建过程,能使我们了解纪念堂修建的背景及经过,也是梧州中山纪念堂不可分割的一部分。

(李金霞)